ウンコはあなたがするのではない

「老子・荘子・仏教」本物の智慧（ちえ）があなたを守る

まえがき

科学的知見にもとづけば、わたし達はエネルギーが凝集したものであるらしい。エネルギーは、「気」であり波動だ。自分が波動のかたまりであるなら、運が良ければ、天の波動と共鳴することもあるのは当然である。あなたの願いの波動と宇宙エネルギーが共鳴できれば、あなたの願いはかなう。

何が言いたいかと言うと、「天」を「道」を「宇宙エネルギー」を意識して生きる人と、自力のみに頼って歩む人と、人生が違ってくるということ。また老子・荘子の「道」を知る者と、知らない者では、いろんな場面で行動が違ってくる。老子・荘子は、わたしの思考・行動を良い方に反転させてくれた。

例えば追い詰められたとき、自力任せの人は、もうだめだと自分であきらめたりする。しかし天におまかせの人は、そんな傲慢なことはしない。首の皮一枚つながっていたらあきらめない。ひたすら今為すことを為す。老子荘子の説く、女性的しなやかさというのは、こういう時に生きてくる。

例えばあなたが、片足を失ったとします。もうだめだ、わたしは外にも出れない、御飯も炊けない。落ち込んだ顔を人に見られたくない。もう家の中で、死人のように目立たず、ひっそりとして生きているしかないと思考し、ダメな世界を引き寄せるかもしれません。しかしこの本を読んだ人がもしもあなたなら、片足がなくなって、こんな良いことがある。こんなおいしいサービスを受けられる。社会でしなくてよくなった時間であれができると思考を反転させ、すばらしい現実を引き寄せる人になっているでしょう。

恨みつらみ悔いの心は「波動」の質を下げて、悪いことばかり引き寄せる。例えば、恨みつらみを抱えて運転していると、右折する所をそのまま直進していたりする。あわててUターンしていると警察に捕まったりする。もう一つアッタリマエダけどこういう人は健康も害している。こんなことになる前に「ありがとう、わたしは守られてます。きっと良くなります」とつぶやくか、無心に運転に集中するかすればよい。そうすると波動が良くなり、自然に事態は好転してくる。簡単なことだ、でも修練した方が良い。その理由は、良いことを想像する→でもね、やっぱり、ダメっぽい、なんてつぶやいて、いつものダメな定位置に落ち着こうとする癖。これ、ダメを引き寄せてます。

《なぜこの本を書こうとしたのか》

その大きな理由は自身にある。たくさん本を読み、テレビやパソコンからたくさんの情報をもらう。アメリカや中国のこと、経済や食料の問題、それらはわたしの胸を波打たせる。しかしそれらは、外物で、わたし自身を通り過ぎていくものたちだった。空しさは残る。心に残ってわたしの人生を導いてくれるものではなかった。だから新しく読み始めたのは、心理学の本であり、仏教の本であり、中国の古典であった。すばらしい本は、何回読み返しても新しい。

老子・荘子には、目が後ろにつくような話が多い。役に立とうとするな。美男・勇敢は、八難。知も名声も天道(てんどう)に反している。女性性こそ最強説、鯛より雑魚説など。老子・荘子、それに仏教、共通しているのは、「無為無心(むいむしん)が最強」説。老子・荘子の説く「道」とは、見えないけど、確かに存在していて、わたし達を生かしてくれているもの。サムシンググレートなのだ。この渾沌なるもの「道」に養われるには、どうすればいいのか。赤ん坊は無為だから、天の「気」を受けて元気いっぱいに成長する。しかし成長するにつれて人は、自我を持ち前頭葉をはたらかせるようになる。これが壁となり「気」の流れをさえぎる。だから禅宗の坊さんは、座禅をして、無心になろうとする。

残された時間さえも限られてきたとき、わたしは内なる波動の力に頼るしかなくなった。外物（お金や地位や情報や人）という対象を見失ったとき、見えない力を信じるしかなくなる。穴の底に落ちたときは、ある意味自らを照らす光を持つチャンスなのだ。老子・荘子・仏教は、その指南書になった。

わたし達は欲しい知識は、今どこからでも得られる。しかしわたし達は、紀元前の仏陀や老子や荘子より、無知蒙昧。幕末・明治の時代の人よりも、バカのような気がする。

なぜか。様々な情報の根底にある本質、智慧（ちえ）を無視しているからだ。「見えないもの」を無視しているからだ。そこに気づいて、実際の生活に役立てられたら良い、と思い書きつづった。

例えば、悪い予感のする会合も、無為（有為・作為の反対）の心でのぞめば、災禍（さいか）は通り過ぎていく。

例えば、あなたが上司で部下に注意するときの心は、あなたが教師（親）で生徒（子）に注意するときの心はいかにあるべきか。注意するときの仕方・言葉かけは、学んで知っている。でもいくら表のノウハウを学んでその通りしても、相手はあなたの雑念に反応するので、事態は余計に悪化する。その時の心はいかにあるべきか、この本を読めばきっとわかります。

浅学なのでここはと思う所は、読んだ本のすべてをメモし感想を書いた。やがて、これをどうしてもまとめてみたいと思うようになった。そうして書籍へとなっていった。学者先生から見れば、古典は私的解釈が多く浅学のそしりを免れないと思うのだけど、わたしの実際の社会経験を加味して書かせてもらった。つまり参考文献の古典の訳は、断りのない限りかみくだいて書かせてもらった。関心を持たれた方は、紹介してある古典を読まれることをおすすめします。

《本書の特徴は》

一、「菜根譚（さいこんたん）」のように、どこから読んでも、完結して読める。

二、説明ではなく、こばなし・実例のような方法で、理解しやすいようにした。皮膚感覚で伝わる。

三、古典と長寿健康の話を結びつけて書いた。「気」が流れ、副交感神経のはたらきが良くなり、血流が良くなり、免疫力がアップし、健康長寿でいられる。

四、仏教・老荘思想と「引き寄せの法則」の共通点に着目し、実際の生活に役立つように紹介した。

五、いろんな本の紹介がしてある。

※「菜根譚」は、中国の古典、人生の指南書。「引き寄せの法則」は、人は自分のイメージしたものしか引き寄せられないというもの。

最後に二言。

①さすがに愚か過ぎたわたしも、このごろでは何か良いことがあれば天に感謝し、畑に落としていた車のキーが見つかれば神様仏様に、本当に感謝しています。今まではただの偶然だと、唯物的にことを解釈し、もったいない人生を送っていました。

②世界で最も孤独だったはずのわたしは、孤独ではなくなったということ。独りで生きているという感覚がなくなってきたということ。天なる世界と日々つながり、得体（えたい）のしれないものにほほえみ、そしてほほえみ返してもらっている。でもたまに人をうらやむ。素敵な生活をしている人をうらやむ。荘子の「天鈞の思想」もどこ吹く風、相対の世界に戻り、煩悩凡夫に戻るのでした（笑）。

―ではあなたの常識を覆すこの本の世界をお楽しみください―

ウンコはあなたがするのではない

――「老子・荘子・仏教」本物の智慧（ちえ）があなたを守る――

【目次】

第五章　我おもわぬ故に我あり　——枠の中で生きる幸せを学ぶ章——

第六章　ブ男、哀駘它（あいたいた）はなぜもてる　——外見ではなく、本質を見抜くための章——

第七章　大切なものは他者にあげる　——凹んだところはやがて埋まるとわかる章——

第一章　役に立つ人間をめざしてはいけない

名誉をめざすことを諌める章

「師匠、生きる手本とすべきは何でありましょう」「カヤだ」「ウヒョウヒョ」では「石や瓦だ」「ウヒャウヒャ」

蚊のあのギザギザの針を、注射針に応用して痛みをなくしたというライトニックス社の発明も、次のような視点を持った人だから生まれたのでは。

> 昔、東郭子なる人物が、荘子に尋ねた。
> 東郭子、荘子に問いて曰く「**いわゆる道はいずくにか在る**」と。
> 荘子「**在らざるところなし**」（どこにでもある）
> 東郭子「**期して後、可なり**」（期して＝例をあげて。例をあげて言ってください、そうすればわかるでしょう）
> 荘子「**螻蟻に在り**」（螻蟻＝虫。虫にあり）
> 東郭子「**なんぞそれ下れるや**」（また下の方のものですね）
> 荘子「**稊稗に在り**」（稊稗＝ひえ。ひえにあり）
> 東郭子「**なんぞそれいよいよ下れるや**」（ますます下の方ですね）
> 荘子「**瓦甓に在り**」（瓦の破片や石ころにある）
> 東郭子「**なんぞそれいよいよ甚だしきや**」（なんじゃ、それは）
> 荘子「**屎尿に在り**」（大小便にあり）

東郭子「…………」（応えず）
（参考／『中国の思想・荘子』外篇、知北遊）

※　※　※

時は「令和」。東郭子が、荘子に尋ねたと同じことを、トートたわしに尋ねる。

東郭子「いわゆる道は、どこにありますか」

トートたわし「そりぁあおめえ、虫だよ」

東郭子「えっ、虫ってあの虫の虫ですか」

たわし「カマキリ、そうだカマキリだよ」

東郭子「車の車輪の通り道で、怒って前足をふりあげたという、あの身のほど知らずのカマキリのことですね」（『荘子・人間世』蟷螂の斧）

たわし「そうだ。あのカマキリだ。カマキリから、二つのことが学べる。

㈠自分の才能におぼれ、社会をあまく見ていると、身を破滅させる。

㈡ほら、そこにいるだろ見てみろ。あの雄を見てみろ、雌とやりたい一心で自分の倍もある雌カマキリに突進していっている。そして雌とやりながら自分は雌に食べられていくのだ。雄は、やりながら食べられるという最高の快感を、雌からもらうかわりに、身を消滅させる。

キンイロオサムシのオスも、結婚の儀式がすむとメスに何の抵抗もなしに食べられていく。

人間の雄も同じだ。現象はそうでなくとも、やったらやられているのだ。教訓→快楽は必ずしかけられており、必ず何らかの代償がともなう。ただ人の生はそう単純なものではないがな」

たわし「次に、『ファーブル昆虫記』にも出てくるヤママユガについて話そう。雌を部屋の中に置いておくとだな、いろんな所から雄の蛾がやってくる。頭部の触角で雌の出すフェロモンを嗅ぎ、雌の居場所を見つける。たくさんやってくる。だがそのうち雌とやれるのは一匹だけだ。雌は一回交尾すると、フェロモンを出さなくなる。では空振りにおわった残りの蛾は不幸なヤルオなのか。虫の世界に幸不幸はない。負け組の多くの雄の蛾は、無用なものか。無用でない。無用の用だ。失敗した多くの雄の蛾は、その時成功した一匹を生かしている」

※参考／『完訳ファーブル昆虫記』奥本大三郎訳（集英社）

【教訓】虫の世界に幸不幸はない。人も本来そうだ。人間の方が世界を錯覚しているのだ。

【教訓】人の世界でも勝者とされる者は、残りの下の者によって支えられている。無用とされ、無駄とされる者達によって支えられている。このことを知る者と、知らざる者とでは、人生が違ってくる。

たわし「**道は、あのカヤ（茅）にもある**」

東郭子「えっ、こんどは植物ですか。しかも人間の手を切るあの憎たらしいカヤ（ススキ）とは」

たわし「そうだ、あれは偉大な植物だ。土の中からケイ酸を吸い上げてガラス質の葉をつくり、人や獣が、むやみにカヤ村に入ってこれんようにしているのだ。それからあのしなやかさと耐久性。大木が強風に倒れても、カヤは強風に耐えられる」

東郭子「何故、カヤごときにそのようなことが可能となったのでしょう」

たわし「カヤは何億年という長い年月のなかで、あの『渾沌（こんとん）の世界＝道（みち）（タオ）』と行き来するようになった。カヤは生存のために、強さとしなやかさを得ることを願った。渾沌なる『道』はそれに応えて、ガラス質の葉としなやかさをカヤに与えた」
※参考／『雑草の成功戦略』稲垣栄洋著（ＮＴＴ出版）
たわし「おまえも、『道』の力を信じて必死に生きていれば、やがて何かが何かするということだ。あきらめず無心にがんばれば、いつか必ず『道』の助けが得られよう」

【教訓】どんなものも生きるすべを、「道」すなわち「天・サムシンググレート」から必ず与えられている。

【教訓】カヤのようなしなやかさこそ、人の生きる根本であり、女性的な強さである。短絡的にならず、苦境は楽しみに変え天を信じて生きていくことだ。

東郭子「なぜか、だんだん下に下っているような気がしますが、大丈夫ですか」
たわし「**道は、石にもある、瓦にもある**」
東郭子「ウヒャウヒャ、ギャグにしてはお粗末ですねえ。あっ、ただ流れでそのようにおっしゃった？」
たわし「エエイ！ヤアー、エリャアー」
東郭子「イタッ、イタッ、痛いんですが。なぜ突然石をわたしに投げつけるんですか、訴えますから」
たわし「ほらな、おまえは石に怒らず、ワシに怒った。おまえほど不公平な奴は見たことがない。こっちこそ訴えてやる」
東郭子「意味わかりませんが！」
たわし「石にも責任はある。まずその硬さと重さを持っているという責任。次にワシの手の届くところにいたという責任。次の次に、ワシに嫌だと言わなかった責任。そのほかにも言えばきりがないから、このくらいにしておく」

東郭子「ますます意味わかりませんです」

たわし「まあいいから、話を聞け。石にも半分は責任があるのに、なぜかおまえは石クンに怒らんかった。それにはちゃんとした理由がある。赤ん坊に小便をかけられて怒る奴がおるか。映画の中の座頭市も怒っておらんかった。それにも同じ理由がある。

石ころは、善悪好悪の情を持たない。何をかしてやろうという、たくらみを持たない。**無心にしてかつ無為である。**また石ころは、人間から見るとかなり下等なもの、無数の雑魚の一つという認識があるので、相手にされない。漁師も雑魚は捨てる。つまり雑魚は災禍にあわず長生きできる」

【教訓】つまり人の世においても、石ころのように無心にして無為、是非を思わずはかりごとをしないようにするなら、他から敵視されないし害されることはない。人生に災禍はなくなる。故に聖人は、無為にいる。ついでに言うと赤ん坊が、猛獣に攻撃されずなめられたりする場合があるらしいのは、その円さと無為さゆえである。オヤジなら殺されている。

【教訓】石ころや欠けた瓦のように下に下にいれば、他から敵視されることがない。故に聖人は、あえて重要人物となる愚を犯さない。

東郭子「ずいぶんとまた下にきてしまいました。もうないでしょう」

たわし「いや、『道』は大小便にある」

東郭了「ゲホ！　ゲホ！　屎尿（しにょう）にですか！　屎尿に真の人の道が！　またずいぶんと臭そうな道で」

たわし「汚れた穴だらけの服を着て、臭いと言われ、役に立たないと相手にされないようになれば、村の行事に引っ張り出されて準備作業を手伝うこともない。草刈り作業を手伝うこともない。まつり上げられて村の役員にならなくてもすむ。あえて有用の者とみなされる愚を犯してはならない。あえて有用を望むような者は、必ず自分の本性を壊し、生命を全うしきれない者となるであろう。

しかし本当の道を得たものは、だからと言って、わざと嫌われ、仕事をしないようにし、ひっこんでいたりはしない。一応の服を着、請われれば村の行事や道つくりに参加し、土に消える屎尿のように社会に溶け込み、土（社会）を肥やし、自らの本性を壊すことなく、その素質を伸ばしていく」

【教訓】人から嫌われることを恐れてはいけない。無理をしてあえて有用を見せようとする者は、自己の本性を損ない生命を全うできない。

【教訓】屎尿は下のものとして生き、自らは社会の養分となりながら、そのことを知られることも栄誉を与えられることも望まない。これこそ「道」のあるべき姿なのであり、かえって世の中からその功を認められるようにもなる。

役に立とうとしてはいけない

成り行きで役に立ってもいいけど、居場所を得るために、役に立とうとしてはいけない。

無能に徹せよ（←岸陽子訳）

伯昏瞀人が弟子の列子の家をある時訪れると、列子の家の玄関には、いろんな靴が家の外にまであふれていた。それを見た師匠の伯昏瞀人は、すぐに引き返そうとした。弟子の列子が彼の教えを守らず、人々の関心を集めていることに怒ったのだ。

その時、弟子の列子が師が来たのを知って、あわてて師匠を迎えに出てきた。

師・白昏瞀人は、言った。

「なんだこのありさまは。わしはなにもおまえが進んで人を集めていたとは思わん。しかしこうなったのは、おまえの中にまだ人に良いところを見せたい、重要人物でありたいという気負いが隠れ残っているから、それがオーラとなっているから、こんなことになるのだ。そんなことではおまえは、元々の自分の本性を損ない、やがて有害無益な人生を送ってしまうことになろう。もっと自分を捨てて無用の者のごとくして生きてみろ、でないといつか身を破滅させる」

（参考／『中国の思想・荘子』雑篇、列禦寇）

【教訓】 生き方を万物の根源である「道」に習うべき。「道」は万物を産み育てているが、自身の姿形を示そうとはしない。この「道」の姿に学びなさい、と言っている。そうすることでかえって貴ばれるともいう。

同じ「荘子」雑篇、列禦寇（列子）によると。


「お前には人々が自分をとりまくことをやめさせる力がないのだ。（中略）一体、人を感動させたり喜ばせたりするのは、何か人と違った特異なことを外に現わすからなのだ。従って人を感動させよう喜ばせようとする時には、お前の本性を動揺させることになるので、何の意味もない（だけでなくむしろ害悪にさえなる）」

（『新釈漢文大系・荘子』雑篇、列禦寇）


（これは、お笑い芸人や特異なキャラの女子アナ、教師にも向けられた警告となる言葉では）


人は、自分が重要人物であるとされたいものです。そのために身をすり減らします。

夫婦でも妻は、良き妻として、夫や子に、夫の親族に奉仕し、重要人物として扱われようとします。しかしそれは、自分中心のジコチュウであり、自分を消耗させる生き方なのです。

家族や人々に奉仕するのが悪いのではありません。彼女のしていることが「真の奉仕」「利他」ではないから、自分のためにも良くないのです。

自分を捨てて家族のために動いたら、自然にみんなから大切な存在として扱われるようになった、のなら良いのでしょう。

無意識に自分なしではおられないような状態にしようとして、家族や人を引きつけていたのでは、やがて身の破滅になる、ということです。

『人生の悲劇は「よい子」に始まる』（加藤諦三著、フォー・ユー）には、「必要とされることを必要とする人」という言葉があります。相手や社会から賞賛され重要人物とされることを必要とする人は、よく切れるハサミのように消耗して自滅するのです。今から二千数百年前の古人の教えと、現在の心理学の知見が、一致しています。

人は自分が重要人物とされたいものです。そのために身をすり減らします。そのことの危険性を二千数百年も前に「荘子」は発していたのです。身をすり減らすとは、自分が誰なのかわからなくなってしまった状態です。〈役に立つ漆（うるし）の木は割（さ）かれ、肉桂（にっけい）はその根が食用になるので、ともに天寿を全うできない〉そうです（『荘子』内篇、人間世）。

人間もあっちこっちで重宝され、人気者になっても、本人は自分の本性を喪失してしまい、祭りの後の藁の人形のようになってしまうのです。

名声・結果を求めてはならない

「名声は天の刑罰」（『中国の思想・荘子』徳充符）。

その理由を三つ簡単に言うと。

㈠名声は、目や耳が喜ぶものであり、また富が入れば、口も喜ぶ。その喜びは、実は自分の本性を失わせるものとなる。

㈡名声を得ようとするなら、人生が手段になり、空しくなる。創造性や活力が失われてくる。

㈢無心でないから、天からの、ご利益がない。健康にも良くない。

しかし人は、人生を逆走するかのように名誉を追い求める。

ある隣国の記事、二〇一二年九月三十日。

「アジア〇〇〇センターと××市は、ノーベル賞をめざすためにノーベルドリームキャンプを、小学生を対象に開催することを明らかにした」（ニュースソース、サーチナ）

という具合に、国をあげて逆走している場合もある。


―「渾沌」（荘子、内篇、応帝王）―

南海に儵という皇帝がいた。

北海には忽という皇帝がいた。

二人は真ん中にいる渾沌に言った。

「わしらには、目、鼻、耳、口の穴がある。心からのもてなしのお礼に、渾沌どのにもこの七つの穴を開けてあげよう」

と、一日に一つずつ開けていったところ、七日目に渾沌は死んでしまった。渾沌は、未分化な「道」そのもの。だがそこに人間の欲や相対思考のもととなる感覚器官をつけたところ、死んでしまった。

「**得るに心無くんば、而ち鬼神服す**」（『新釈漢文大系・荘子』外篇、天地）

欲にとらわれず、無心にして心を虚にして何かをしていれば、そこに自然、天の神秘の力が舞い降りてきてくれる。

「**名の尸と為る無かれ**」（『新釈漢文大系・荘子』内篇、応帝王）

名誉の主や虜となって、人生を死んだように過ごすものではない。

※尸は屍。ここでは名誉の主とか虜

名誉が悪いのではない。名誉を求めて生きていれば、人生は空しいものになる。名誉は偶然の産物であるべき。

長い人生のその過程に喜びがないなら、生きているということが、空しく無意味なものになってしまう。

ファーブルは、生き物の不思議に魅了された。生活のために名を求めたこともあったかもしれないが、行動の源泉は生き物への深い関心だった。彼は九十一歳で死んだ。勲章をもらっているものの、世間的にはあまり認められず不遇であった。しかし日々新しい発見に頭をくらくらさせつつ、生き生きとした人生を送ったのではないか。

ファーブルは、心の赴(おもむ)くままに虫の観察をし、天恵(てんけい)を受け、いろんな発見をした。

さらに「名の尸と為る無かれ」の続きをみてみよう。


「其(そ)の天に受くる所を盡(つく)して得(う)るを見る無かれ」

童子のごとく自然天心のまま、目の前のことにとりくみ、結果を思うな。

「故(ゆえ)に能(よ)く物に勝(た)へて傷(やぶ)らず」

そういう生き方をしていれば、外物（名声など）によって自分の生が損なわれることがない。その方が、もともと備わっている天賦の才をより開花できるだろう。（参考／『新釈漢文大系・荘子』内篇、応帝王）

自然な生き方を見失った人は「遁天の刑」を受ける

「外物」とは、地位や名誉やお金や財産、何かのこだわりのこと。

「外物」にとらわれ自縄自縛になる「遁天の刑」。

「遁天の刑」の言葉は、岸陽子訳の『中国の思想第十二巻・荘子』養生主に出てくる。「天を遁るる刑」（『新釈漢文大系・荘子』内篇、養生主）とも。

「遁天」とは、人に良く思われようとしたり、死んでからも人々に自分の墓に集まって悲しんでもらおうとしたり、自分のことをおぼえておいてもらおうとしたりすることで、自然（自ずからそうなる）な生き方を見失っている状態。

このような**「天の理法・物理法則」から外れた生き方を「遁天」**と言い、そのために人生を窮屈にしてしまうことを「遁天の刑」と言う。

ただ自然な生き方をして、自然に富や名声が得られるようになることまでは、否定してないと思う。

「遁天の刑」の反対は、「帝の県解」。境遇に安んじ、とらわれなく生きる人を、天帝から首枷を解かれた人と言った。

※　※　※

「師匠、では、ほめられることは、悪いことですか」

「ほめられることは、悪いことではない」

「では、何がいけないのですか」

「女の子が、先生の机の下に落ちていたペンに気づき、何も思わず机の上にもどしておいた。そのことを伝え聞いた先生は、女の子をほめた。赤子は、別にかわいくしようと思って、かわいくしているわけではないが、もてはやされる。それなら問題はない」

「では、どのような場合が、悪いのですか」

「何か賞を得ようとして作品をつくったり、あの人は立派な人だと言われようとしたり、死んでも名を残そうとしたりすることだ。つまりほめられようとして何かすることだ。天の理法に反している」

「でも、師匠、だれだってほめられたいですよ。死んだあとも、人に寄ってきてほしいですよ。これは人として、あたりまえでしょう」

〈こういうことが一月前にあった〉と師匠は、弟子に話を続ける。

「孔子の教室では、卒業を迎えた生徒達が号泣し三跪九拝（さんききゅうはい）して、師の孔子との別れを惜しんだ。

一方、荘子の教室では、生徒達はみなにこにこして、帽子を投げ、未来を祝福し、師に『先生も、お元気で』と述べると、みなそれぞれに教室を後にしてそそくさと去っていった。

そのことを伝え聞いた、時の文部科学大臣は、荘子とその教室の生徒達を非難した。荘子は本当に愛情ある教育をしていないと批判し、生徒達には礼儀を知らないと批判した。

だがワシは、孔子の方こそ、人間の本性を犠牲にして生きているのではないかと悲しむ。わたし達がしているあたりまえのことは、実は天から見れば、あたりまえのことではないのだ」

さらに師匠は、話を続ける。

「ワッチが死んだら、別に誰かに弔い{とむら}に来てほしいとは思わん。もし、多くの者が、弔いに来たら、ワッチは、生前そんなふうに人を集めるふるまいをしていたのか。表向きは、誰も来ないようにと言っておきながら、実は、死後もワッチを思慕するように仕向けていたのか。ああ、ワッチにそんな作為があったとしたなら、なんと不自然で、不様な生き方をしていたのか、と草葉の陰から後悔するであろう。上からも下からも称賛され、自らもそのことを必要としている人の中には、この『遁天の刑』を受けている者がたくさんいる。八方美人は、神経症になるとかいうから、この刑を受けているのかも知れない。反対に、こだわりなくとらわれなく、作為することなく、自然の成り行きに任せて生きていれば、自ら苦しみを招くことはなくなる。つまり『時に安んじて順に処{お}れば、哀楽{あいらく}入る{い}能{あた}わず』（『荘子』養生主）だ」

天恵（てんけい）＝天育（てんいく）が受けられる三つの条件

聖人は、「天の恵＝天育」を知るゆえに、次のことに心がける。

> 一、「**知を孽**（げつ）（＝ひこばえ・余分な植物の芽）**となし**」＝知を禍（わざわい）の元とし、
> 二、「**約**（分別、規範）**を膠**（こう）（にかわ）**となし**」＝分別や規範にこだわる人を、ゴミのようなものにとりつかれた人とし、「**徳**（世間の常識的道徳）**を接**（補足、つけたし）**となし**」、
> 三、「**工**（工作員の工、作為、策略）**を商**（自分を売り物にする取引）**となす**」
> ※膠（こう）（にかわ）とは、接着材として用いる物。ここでは礼法のようなものにとりつかれている、というような意味。
> （参考／『中国の思想・荘子』『新釈漢文大系・荘子』徳充符）

つまり、

一、知をはたらかせない。知をはたらかせ人為を為さない。
二、善悪是非の判別をしない。世間の道徳を、余分な物とする。
三、自分を売り物にしない・役に立とうとしない。
この三つを「**天育**」という。「**天に養われること**」という。

〈一の例〉目的のために人知をはたらかせない

例えば、志望校に我が子を入学させるために、縁故を頼ろうとしたり、行儀作法を教えたり、家族円満を装ったり、といったようなことをしない。

例えば、受験生が希望の大学に入るために、出題傾向を分析し、受験に必要な知識を身につけようと努力する。このことを誰も否定しない。しかし、天の理から見れば、これは「天道」に反していることで、利はない。

学びたいことがあって、学ぶ。学んでいて、自然に大学を受けたら、受かっていた。ここには作為も策略もない、自然にそうなっただけ。天道に反していない。

彼女を得ようとして知をはたらかすのも、成果はないことが多い。つまり花束、デートのコースの下見、彼女の好みは何かと事前に情報を得ようとする、厚底の靴を履く、いいところを見せようとする、など。ただどちらも駆け引きの上での付き合いなら、成立するかも。まあそれはそれでよいのかも知れない。ただ人為を為す者は、「天育」を受けない。先々、良いことにはならないかも。

〈同じく一の例〉合理的精神を持たない

インキ支離無脈（しりむしん）という上の唇が裂けた男がいた。

ある時、王様が、彼と彼の友人達に金貨を与えた。その時、インキ支離無脈は、金貨が一枚で、友人はそれぞれ九枚であったのに、ただただありがたくいただいて、笑っていた。

ある時、王様がインキ支離無脈とその友達九人にゲームをさせた。短い道と長い道をつくり、両方のゴールに賞品をおいた。友人達九人は、きっと長い道の方に、良い商品があるだろうと、競って走りながら長い方の道に突進していった。一方、インキ支離無脈は、自然に残った短い道に入っていった。インキ支離無脈は、どっちに良い商品があるか、考えもしなかったのだろう。どっちでも良いし、どっちも良いのだ。人生一人でも嬉しいし、二人でも嬉しいのだ。このようなインキ支離無脈のような者のことを、天恵、天の恵を受ける人という。天の養いの道は、常に彼のような人物とつながっている。

〈三の例〉**雑魚になりたい**

雑魚は、漁師の網にかかってもまた海に捨てられ助かる場合がある。

また、荘子「人間世」にあるように、鼻が上向きの豚とか、痔のある人間は不吉とされ、生贄にされるようなことはない。

中国や韓国の歴史ドラマには、よくある。有能な人物がいて、宰相（大臣）などとして取り立てられる。君主や国のため尽くすが、内外の敵の謀略にあい、ストレスが多い。身を滅ぼしたりしている。日本だと尊敬する右大臣菅原道真が、左大臣時平の謀略により太宰府に左遷されている。有能なゆえに重用されても良いことだけではない。

仕事はもちろんちゃんとすべき。ただもし他のために有用であろうとし、そのことを誇ろうとするなら、注意しなければならない。

役に立つことで、自分の居場所を得ようとしないことです。それは何かの道具が役に立つのと同じで、使われ過ぎてすり減るのです。

「虎豹(こひょう)の文(ぶん)は田(でん)を来(き)たし……」（『新釈漢文大系・荘子』内篇、応帝王）
虎や豹の美しい模様は、狩猟の的となる。故に聖人は、無用の所に居る。

※　※　※

ヤルオが一身上のことで、師匠に相談に行った。

ヤルオ「師匠、わたしは世間を見返してやりたいと思い、名誉とお金のためにお笑いの道を志しました。しかしこのたび、名誉心にかられて事を行うことは、身を滅ぼすことと知り、お笑いをやめたいと思います」

師匠「バカヤロウ、やめてほかのことをしても、今のおまえでは、また同じことをくり返す。今のことをつづけろ」

ヤルオ「わたしは教師になりたいのです」

師匠「ほらみろ、おまえの根性は変わっとらん。安定や名誉心から教師になったとしても、今以上に『遁天の刑』を受け、三ヶ月後には両目が窪み、歯が欠け、四ヶ月後には顔とアソコがヘルペスになり、半年経ったら浣腸されたナメクジのようになっているだろう」

ヤルオ「では、どうすればよいのでしょうか」

師匠「かんたんだ。おまえ自身に問題があるからだ。今しておるお笑いを無心でやれ。客がいてもいなくても無心でやるのだ。自分のためでもなく、客のためでもなく、ただひたすら芸をするのだ。何々のためと思えば必ず作為が生まれ、無心ではおれなくなる。損得、善悪、ウケルウケナイの判別を捨てろ。与えられた今が、おまえの天国になるようにするのだ。客を感動させられないのは、おまえの魂胆が見えすいて臭いからだ。ある歌手の歌のフレーズが、忽然（こつぜん）として人の心を震わすのは、その瞬間、その無心な声の響きが、天地の波動と共鳴しているからだと知れ」

ヤルオは、涙を流しながら、頭を下げて帰っていった。

第二章　わたしがウンコをするのではない

「無心」になることの大切さを示す章

オヤジは今日も苦虫食べて、天の「道」を塞ぐ

自分のつまらぬ自我のため、天の恵が受けられない者を、「天の戮民」と言う。

怒れば気の通り道が塞がり、健康を害する。実際、怒りやストレスで副交感神経は、はたらかなくなり、気脈が塞がり、健康を害す。

> 怒りやストレスから、交感神経が刺激されます。呼吸が浅くなり、血管が収縮し血流が悪くなります。血球破壊が生じ、血液はドロドロになります。つまり長生きできない状態になる。
> 反対に、怒らず、ゆったりとした深い呼吸をしていると、副交感神経が刺激され血管が開き抹消まで血流が良くなる。つまり免疫力が高まり、健康長寿の確率が高くなる。
>
> （参考／『なぜ、「これ」は健康にいいのか？』小林弘幸著・サンマーク出版）

※　※　※

トートたわしが、楚（春秋時代）の国を旅していたら、七十歳くらいの老人が布団を干していた。老人とは言っても、肩が金剛力士像のように張り、あたりを睥睨し寄らば切るぞう、的な風貌をしていた。だが腰は、痛めているのがわかるほど固く、膝も古木が曲がったままのような状態でまっすぐ伸びることなく動いていた。

よく見るとやせていて、肌は焦げたような色をしている。棒で布団をたたくのだが、何か気がせいてい

て、悪ガキの尻でもたたいているようにしてたたいていた。タ・タ・タ・タとか、パッパッと息を詰めてたたいている。通りかかったトートたわしを見ると、ナンジャ、オマエ、ヤルンカ、ヤルンナラナンカイッテミイ、という様子を見せる。

トートたわしは、目を細めて男に話しかけた。

「あなたを見ていると、まるで粘土で造られた人間が、乾いて固まったように見えます。気が流れず、まったく血の流れがとどこおっております。もっとゆるりとして、全身の力を抜いて身体を動かしたらどうですか。あなた腰が痛いでしょう。膝がきしむでしょう。それはあなたが歳だからではなく、あなたが役立たずと腰を憎み、腰から拒否されているからです。あなたが膝を拒絶し、膝があなたを拒絶しているのです。

あなたときたら、この世のすべてがまるで〈この膝の野郎〉みたいなのですから。

布団でさえ、あなたを拒否しています。**感謝の代わりに不満と憎しみを持って**たたくからです。このままでは、あなたは天からも地からも拒否され、半年後の秋には死ぬでしょう」

すると男は、苦虫をかんだまま、皮肉っぽく笑いながらおどすような声で彼に言い返した。

「あんたさ、どこのだれかさんか知らんが、またえらぶって、ワシが死のうが生きようが大きなお世話でございますから、うっとうしいのでさっさとどこかへ消えてくださらんか」

と、せせら笑って言った。冷静じゃないのに、冷静さが売り物なのだ。男はさらに言葉を続ける。

「ワシは忙しいんじゃ。あんたとちごうて。今日は今から、貸しておる部屋の部屋代を集金せんといけん。そのあとは、小作人を集めて、畑を耕させせんといけん。途中で、贈答品を買いに行く。夕食後は、息子を役所に入れてもらったお礼に、議員にお礼に行くのだ。明日は明日で、歌と踊りの稽古がある。そのあと、すぐに妻と二人で、孫に会いに行く。夜は身分の高い者だけが集まって見る芝居見物じゃ。それにしてもおまえはなんとまあ目じりの下がった情けない顔をしとるのお。それにそのボロを縫い合わせた服。おまえのような旅乞食にやるものはワシの家にはなんにもないから、とっととどっかに行け」

トートたわしは、男の大きな家と広い庭を見まわして言った。

「まあそれはいいです。それにしてもあなたはなぜそんなにせいておられるのですか。またなぜそんなにいつも怒っている人のように見えるのでしょう。

あまり出世しないまま、今を迎えられたとか、過去の失敗や無駄を今でも悔やんでおられるとか。あのことがなかったら、あの道を選んでいたら、今はもっと大きなお城のような家に住み、馬車に乗り、世間でも名の通った人物として皆から扱われ、わたしのような名も知らぬプーオヤジに声をかけられるような人物では終わらなかったとでも。そんなことをいつもいつも思い続けて、せわしなく布団をたたいているようですね。

つまりあなたにとって世界は昔から今の今まで、すべて征服すべき敵だったのですよね。あなたが今、吸い込む大気さえも。だからその気が胸の奥にとどこおり、まるで余分な邪魔物のように吐き出されています。周りの迷惑もはばからず、関係もない布団にまで、くそっくそっくやしいくやしい、と唸(うな)って吐き出しているのです。きっとウンコはつまっているでしょう。糞オヤジ」

男は、キィーッと唸ると、顔をひきつらし、棒を振り上げてやってきた。

トートたわしの方は、逃げながら、独語した。

「あの男は、いったい何を勘違いして生きているのだろう。それにしてもこの辺は、あんな年寄りばっかりだ」

あれから半年が過ぎていた。木々は葉を紅くし、落ち葉が風に流されて、どこかに消えてゆく季節になっていた。

その夜、夢の中に、あの苦虫オヤジが現れた。身を正し正座している。

「わたしは、つい先日死んでしまいました。しかし未だ天界に行けず、冥海（仏教でいう地獄、餓鬼、畜生道の三悪道の世界）とか申します世界を彷徨っております。胸がつかえて息が苦しく、何かとても中途半端な状態で苦しくてしかたありません。どうかわたしに、あなた様の「道（みち・タオ）」とか申すものをお教えくださり、わたしが無事天界に、やがては仏界にゆけるようお導きください」

トートたわしは、夢の中でくしゃみしながら、『荘子』（雑篇、外物）の一部を男のために読んで聞かせた。

「凡そ道は壅がるるを欲せず」＝およそ「道」なるものは、滞ることを嫌う。

・「気の道」が滞れば、体のどこかが塞がるような状態になり、変な咳もするようになる。

・気が塞がれば、気が乱れ苦しみが生じる。

・気が乱れてくれば、多くの障害が、肩凝りや腰痛、神経の害が生まれてくる。故に聖人は呼吸を大切にしている。

「其の殷んならざるは、天の罪に非ず」＝気の流れがスムースにゆかないのは、天の罪ではない。他

人の所為ではない。本人の所為である。本人に原因がある。

「天の之を穿つは、日夜降む无（無）し」＝天は、わたし達のために、日夜穴を開けて気を通そうとしている。

「人は則ち顧って其の竇を塞ぐ」＝しかし人は、こだわりや分別、貪り、怒り、悔いという感情にとらわれて、自らその通り道を塞ぐ。そして自ら傷害を招く。

自我が気脈を塞ぐという人がいる。赤子や幼児、虫には、自我がなく、気が詰まるということはない。彼らは、天の「気」を受けて、元気一杯。

「胞（ほう）に重閬有り、心に天遊有り」＝肺に空虚な場所があるように、心にも天から送られてくる気を通す空虚な所があるべきであり、あるはずである。ただ分別の自我にとらわれていれば心は塞がり、天の気の波動は流れを塞がれる。

（参考／『荘子』雑篇、外物）

※読み下し文は池田知久氏（『荘子下』講談社学術文庫）、訳は主に『新釈漢文大系・荘子』を参考に筆者の解説を加えた。「無し」・「胞（ほう）」は、新釈漢文大系の読み方。

わたしがウンコをするのではない

自力に頼る者に、天からの波動（電波のようなもの）は降りてこない。

「ウンコです」という天の啓示→ウンコが出そうだとイメージする→トイレに行く。しゃがんで天を信じ任せる気になる。無心になる。腹式呼吸を深くゆったりする→天と感応道交（かんのうどうこう）している→知らぬ間に成就している→天に感謝する。

この体をコントロールしているもの、それは**真宰**（しんさい）＝造物主、道＝サムシンググレート・偉大なる何かである。それゆえ健康と長寿のためには、「道」との調和が大切ということになる。

「真宰あるがごとくして、ひとりその朕（ちん）を得ず」

この世にはわたし達を支配している真宰つまりサムシンググレートが存在しているのだが、その姿形を見ることはできない。

「行なうべきはすでに信にして、その形を見ず、情ありて形なし」

そのサムシンググレートが、波動を送り自身を動かしているのははっきりとしているが、その姿形を見ることはできない。実体はあるのだが、姿形がない。

人の体についてみると、人には百の骨節、九つの穴、六つの臓腑が備わっている。だがいったいわたしはこれらを支配しているのか。わたしは、どれか一つを選んで良くすることも、全体を調節することもできないのだ。わたしにそれができないとすれば、他の何かがわたしに代わってそれらを統一し調整しているに違いない。

（参考／『中国の思想・荘子』斉物論）

無心な時、天道との調和が良い。座禅は、そのためのもの。

「心（雑念・頭でいろいろ考えてしまうこと）を滅却すると全身が一つの混沌と化す。その状態で人は最も氣が充実すると禅では考える。つまり心は氣の流れを邪魔する障害物なのである」

（『ベラボーな生活』玄侑宗久著・朝日新聞社）

簡単に言うと、頭優位で考える生活は、交感神経が高くなり、副交感神経は低くなる。副交感神経のはたらきが弱まるということは、血流が悪くなり、腸などの蠕動運動も低下してくるという。

※　※　※

昔々のその昔。洛陽の郊外にデェデェポポーという名の、ちょっととぼけた牛飼いがいた。男には、鵬芃という名のひときわ大きくて健常な雄牛がいた。

この鵬芃は、歩きながら気持ちよさそうに、何回も大きな糞をした。

デェデェポポーは、自然その糞を売って生活するようになった。

そのことが都の王様に聞こえ、王様から、この一年間、牛の糞日記をつけ、半年でどれだけの量になるか、報告するよう命令が下った。そのほかに、種牛として種付けもし、その記録を、報告したりする。

代わりに男には、官位が与えられ、給金もそれなりにもらえるのだった。しかし一方で、何か失敗すれば、例えば鵬茫が死ぬとかの失敗があれば、首がとぶかも知れない境遇になっていた。

デェデェポポーは、このごろ自分のウンコの出が次第に悪くなっているのを感じていた。食べているものは、今までと変わりなく、主にトウモロコシの粉を水で練って焼いたものだった。それと今では、酒と鶏肉が時々メニューに入る。

一日に一回、便をせねばと、毎朝便所にしゃがんでうんうんいきむのだが、全身と腹に力を入れれば入れるほど、便なるものはよりかたくなになっていった。

七日前、直接の上の役人から、命令がきていた。特別に彼の今後の計画を聞きたいということで、報告書を作成せねばならなくなったのだ。そのころから便秘がひどくなっていったらしい。

だいたい今まで脳味噌を使うような境遇にはいなかった。それがいきなり漢字を習ってから、文を書くのだから、脳がひび割れそうになる。便秘でさらに血流が悪くなったのか、余計文章が浮かんでこない。

八日目の夜、夢に鵬茫が出てきて、彼に言った。

「旦那（だんな）様、よろしければ一度、あなた様が牛に、わたしがあなた様になってみませんか」

と心から心配そうに言うのだった。男は、鵬茫のウンコがポッ・ボコボコボォーと山盛りに地面に落ち重なるのを夢の中で見て、それは自分の八日分のウンコだと思って、夢の中で気持ちよくなっていた。

デェデェポポーは、翌朝さっそく、「病気で二、三日は役所との連絡はできない」と、近所の子を役所に使いにやらせ、自分は鵬茫という牛になってみた。

しかし姿形は牛になっても、心までは牛になっていなかった。だからまず歩きながらウンコをすることができなかった。草を食べてみても効果はなかった。

誰も見ていないはずの林の中に入っても、ウンコは出なかった。一人で林の中にいると、便所の中にいたのと心が同じ状態になり、早く便を出して体調を良くし、また漢字を習い、報告書を書かないと、とか、しかも王様が満足するような報告書にするには、と思案すると、ますますお腹がキュッとなった。三日後には、役人がやってくるかも知れなかった。そう思うと、下腹から肛門にかけてますます固く萎縮してきているように感じた。いきむと、どこかが塞がるように感じる。それでその時、ふと思いついた。そうだ、ウンコの達人の鵬茫に聞いてみよう、と。

林の中から、のそりと元気なく出てきた牛のデェデェポポーから尋ねられた人の鵬茫は、モォーと鳴いてしばらく空を見ていたが、何か思いついたのか、デェデェポポーの方に顔を向けた。

「いや旦那様、人間というものは、厄介な生き物ですね。言葉を話し、文字を書き、義理と友愛を語る気高き人間にあこがれていましたが、ややこしいことを次から次へと生みだし自らそれに縛られてしまう人間というものは、もうこりごりでございます。

今日中に元の牛に戻してもらえるなら、今わたしがここで思いついたことを旦那様にお話し申し上げますので、よろしくおねがいしますです」

「ウン、教えてくれ、ウンコが出たなら、おまえを牛に戻してあげよう」

と言うと彼は、ちゃんと人間としてウンコをするために、元の人間デェデェポポーに姿形を戻した。まだ鵬茫は人間の姿のままだ。

「出たならではなく、あのですね、無条件にそうしてください。そういうふうに条件をつける悪い性格だから、余計にウンコが出なくなるのですよ」

「わかったわかった。昔のワシは、そんなふうにおまえに条件つけたりしてなかったな」

「まずあなたは天心を失ってしまったということです。天の日も月も星も、自分でめぐろうと思ってまわっているわけではございません。自分で考えてめぐろうとすれば、あのように日々規則正しく運行することはできないでしょう。同じように、ウンコも糞もクソも自分が自分で出すのではありません。天の深い配慮によって日々めぐりきたるものです。つまりウンコはあなたがしているのではなく天がしているのです。

旦那様が、以前は何も思わず、ウンコを早くして次のことに早くとりかかろう、などと思わず、便所でしゃがまれていた時には、ウンコはよく出たでしょう。自然の運行に従っていたからです。またたまに出が悪い時でも、気にされていなかったので、次の日には、またどっとよく出たのです。つまりウンコのためには、いろんなことを思わないことです。

まあ、いろんなことを思わないようにと思っても、無理でしょうから、旦那様のにがてな意味不明の漢字を並べたものを、便所の壁に貼って、ブツブツとしゃがんだまま読むのです。頭が真っ白になり濁ってきてボーッとしている間に、願いはかなえられるでしょう。それはその時、「障害物＝雑念」がなくなって、天の「気」が全身をめぐり始めるからです。

便所に座ってです、わたしのように、ただ善悪もなく恥もなく予定も欲もなく茫漠《ぼうばく》としておるようにするのです。そうすればやがてわたしのような美しく香しいものが出てまいるでしょう。芋虫青虫は、ウンコで悩みません。ウンコは自在に出ます。ウンコで悩むのは、人間か人間に飼われた一部の犬くらいでしょう」

家に帰ると、すぐにデェデェポポーは、ゴボウ（牛蒡）を一本ひとかじりした。しばらくして後、便意を感じたような気がし、便所に行き鵬茫に言われたことを実行した。意味不明の漢字を頭がボォーッとするまで読み続けた。一回便所から出て、また便所に入った。二回目にも同じことをした。一回目にしゃがんだ時よりも頭がボーッとしてきて茫漠とし、気持ちよくなってきて、自分が自分か牛の鵬茫だかわからなくなってきた。呼吸も、自然、深くゆっくりとするようにした。すると、大きな例の塊が、こだわりなくスルスルと出てきた。やがて下腹の辺りがすっきりしていた。そして便所から出た。

便所を出て、しばらく遠くの景色を眺めていたら、また便意をもよおしてきた。彼は、《ウンコはワッチがするんでなかったのか、モオーッ》とつぶやいてから、また便所に戻っていった。

★受容器（受信器）としての生物…ウンコは、わたしがするのではないのです。またあなたがちょっとちょっと散歩に行こうとして東に歩き出します。あなたは、自分の意志でそうしていると思うのでしょう。でも例えばわたしもあなたも「自動運転車」のように、天（道）からの指令（電波）によって受容器（受信器）である自分が動いていると考えましょう。その時、当然、受容器であるわたしは、電波を正しく受け取らねばなりません。しかしそれを邪魔するもの（分別、自意識、ストレス）によって、この自動運転車は天からの波動（電波）を正しく受け取れなくなる（＝電波障害）ことがあります。その時身体に機能障害が起こり、正しい行動ができなくなります。

例えばピッチャーが九回裏ツーアウトから、突然四球を連発しはじめ逆転されてしまうような場合、よく「勝ちを意識してから手元が狂ってきた」と言い、「なぜかストライクが入らなくなった」と言います。

他力本願のすごさ

日本消滅！　国会議員百人にきいてみた？「他力」とは何か？　と。誰も正解しなかった。→古き良き日本の心が、消滅の危機に。

ところで知っている人は知っている知らない人は知らない、世界のどこにもない古き良き日本の他力の精神とは。

> **「同ずれば乃ち虚なり。虚なれば乃ち大なり。喙鳴に合せん」**（『新釈漢文大系・荘子』外篇、天地）
>
> あなたが「道」「サムシンググレート」と一体となった時、あなたは虚である。そんな時のあなたは、無限の影響力を持つ。また同時に、鳥が自然に嘴を動かして鳴くように、真実の言葉が自然にあなたの口から出てくる。これが人間の真言である。
>
> その一つが、「南無阿弥陀仏」である。天・仏様と一体になっているから、天・仏様の御はたらきにおまかせになる。これを「他力」と言う。（仏様＝サムシンググレート＝道）
>
> ※「喙」は、鳥の嘴。「喙鳴」とは、鳥が鳴く時、嘴が自然に動く。人間も鳥のように天地と一体となった時、無心な真実の言葉が出てくる。

真言は、「南無阿弥陀仏」「南無釈迦牟尼仏」など。信じておまかせしておけば、向こうがうまくやってくれる「他力」なのだ。さらに「わたしは〜します」「ありがとう。わたしは守られています。わたしは

〜できます」と心の底から思って念ずるなら、それも真言となる言霊です。真言の波動は、内外に影響してゆく。

「自力」とは何か

たまたま中国の「孫子の兵法大伝」というドラマ「用間の計」を見た。ちょっと引いてしまう話。

孫武は当時、呉国に将軍として仕えていた。楚に味方した慶忌(けいき)将軍三万の軍隊に攻め込まれ、呉は苦境におちいっていた。このとき孫武は、「用間の計」を用いた。

孫武が貧しい生活をしていた時、孫武夫婦をやさしく助けてくれた要離という酒売りの男がいた。要離は、小柄でさえない風貌の男であったが、彼には美しくやさしい妻がいた。孫武の作戦は、この要離を慶忌のところにもぐらせて要離に慶忌将軍の首をとらせることだった。要離は国を思う男で孫武の作戦に従うことにした。自国の王、呉王に献上した酒が混ぜ物であったとする罪を偽装し、わざと罰として自分の右腕を切ってもらう。さらに妻が殺害されることも認めた。そこまで偽装して、要離は敵の慶忌将軍の元に、もぐり込んでいくのだった。

これが自力だ。自力とは、このように自分の能力とか、知略策略に頼ることである。

孫武がもし、他力の人なら、昔親しくしてくれた要離夫婦をあのように犠牲にはしなかっただろう。自力の心は、「知」をもって世界を分断することとなる。

「他力」とは何か

他力は他への絶対的な信頼で成り立つ。他力は、自己を捨て仏様を信じて我が身を任せきること。これを絶対他力という。向こうの力で救われるのだ。こっちはただ信じて称えればよい。

スポーツは、だいたい自力だ。技術と精神力をきたえる。しかし本当は、最後のところは、天におまかせになる。天を信じる心が最後の勝負を左右する。自分は、天にあやつられているように動いているのだ。天と一体となったものは強い。

他力本願というのは、相手が何か自分にしてくれることを待っている、という甘えではない。仏様にお願いして、何か棚からぼたもちを、ということではない。結果を思わず、天に自分を任せきることである。もう自分は歳だし、したいことがあるけど、できそうもないからやめよう、ではなく、結果を思わず、ただひたすら無心にがんばることだ。

浄土真宗は、「南無阿弥陀仏」と称える。「南無」とは、おまかせするという意味で、「なむあみだぶつ」は、阿弥陀仏（あみだぶつ）に自分をおまかせします、と言っているのである。親鸞（しんらん）は、

「たとひ（師である）法然聖人にすかされまゐらせて、念仏して地獄に堕ちたりとも、さらに後悔すべからず候。……いずれの行も及び難き身なれば、とても地獄は一定（いちじょう）すみかぞかし」

と弟子に言っている。

「阿弥陀仏を信じて念仏することしか救われることのない自分は、もう仏様を信じて念仏を称えさせてもらえるだけでありがたい。その信頼関係が持てただけで、つまり自分の中に何かを信じる心を育てていただいた、それだけで十分ありがたいのだから、その結果だまされて地獄に落とされようと後悔はありま

せん」と言っている。これが他力本願です。

ここには世間一般の人が使う、他力本願とはまったく違う、勇気ある孤独と他への信頼がある。依存とはまったく違う自立心がある。これが古き良き日本人の中に、かつては流れていたのではと思う。

阿弥陀仏に結果はおまかせにして、自分は自分のすべきことをする。

自分を無にし仏様におまかせするということは、自分を消滅させるようにみえて、実は自分を最大限生かす道である。かつての日本人は、そのことを知っていたような気がする。

※　※　※

B男が、貧乏寺のお坊さんに質問する。

B男「他力本願が、実は他人をあてにするものでないことはわかりました。でも、それが何か実際に役に立つのでしょうか」

和尚「その質問自体が、自力的なのだ。でもまあ、あまりこまかいことは言うまい。おまえの質問に答えよう。

●さっきも言ったように、本当の他力の精神を身につけた者は、最後には無心になれるから、スポーツ競技には、プラスの効果がある。

●また研究者も本気な人は、他力の教えを知る知らないは別にして、自然に身を捨てて、結果としての名誉・金、関係なく、無心に研究に没頭する。この虚心の所に、天恵・天啓が光が隙間に差し込むようにやってくる。結果、この古き良き日本的な精神によって、日本に素晴らしい研究者が多く生まれるということになる。

●日本の職人さんなども、結果の損得を忘れ、何か偉大なものを信じ自分をその偉大なものに任せきって、物を作っていたりする。だから日本の物づくりは素晴らしいということになる。

ラングドックアナバチがヤブキリ（キリギリスに似ている）を捕まえて巣穴に引きこみ、麻酔をかけて仮死状態にしておく。麻酔の針を刺す神経の場所は、誰から教わったのか。これも無心にひたすら生きていたら、天から授かった能力だろう。

職人さんになぜそんなことができるのですかと聞いても、説明できない。それと似ている」

B男「他にももっと、役に立つ話はありますか」

和尚「よくばりだな。おまえは最後まで、自力だ。でもまあ、あまりこまかいことは言うまい。おまえの質問に答えよう。

駆け引きなしに無心になって念仏を称える。無心に座禅をする。つまり無心に何かをする。これは脳の化学物質を増発させ脳を活性化させる。それだけではない、自律神経のはたらきが良くなり、健康にも良い」

B男「それでもうおわりですか」

和尚「あっとそうだな、大切なことを忘れておった。他力の教えはだな、柔弱なる精神を養っている」

B男「何、弱く柔らかくなることが、良いことなのですか」

和尚「バカ、弱く柔らかく生きるということは、粘り強くたくましく生きるということだ。

杉や桜のような固く大きな木は強風に倒れる。しかし川原のヨシは、柔らかく小さくて細いが、強風に倒れん。そういう柔弱というしなやかな強さを育てるものが、他力の教えの中にある。あなたの色に染まる他力。落ちたところで咲こうとする花の生きざまだ。不平不満を諫める教え、怒りを害毒とする教え、たたかれても布施としていただこうとする教えなど。

稲垣栄洋著『身近な雑草のゆかいな生き方』では、ファーブルの『植物記』を例に、河原のヨシとカシの大木を比べて次のように言っている。

『カシのような大木は頑強だが、予想以上の強風が来たときには持ちこたえられずに折れてしまう。ところが、細くて弱そうに見えるヨシの茎は風になびいて折れることはない。（中略）ヨシは茎を中空（ちゅうくう）にしている。そうすることで茎はたわみによって大きな抵抗力を持つことができる。（中略）茎のところどころには節（ふし）を入れて補強した。（中略）ヨシは人間のようには考えない。よけいなことは一切考えず、強く生きることだけをめざして生きてきた。それが、ヨシを成功させたのである』とな」

B男「なるほど《柔弱は堅強に勝つ》（老子七十八章）ですか。でも、もちっと身近にしてほしい」

和尚「人間の場合はだな、負けることを恥とする縦思考のオスの方が、短命だ。何にでも合わせられる性質の女性の方が長生きだ。ネコもオスの方が頑強だが、頑固で縄張り争いしたりする雄ネコは、雌ネコより短命らしい。『ファーブル昆虫記（二巻上）』に出てくる雄ネコも、新しい環境になじめず、短命だった。一方雌ネコと子ネコは、新しい家になじんだらしく、そこで生きながらえている」

B男「大変よくわかりました。わたしもこれから自力を捨て、他力に替えますです」

和尚「あのな、他力の教えは、まあこういうふうに簡単に説明できるが、そう簡単にその本質を自分のものにすることはできん。特におまえのそのそんなに他力がいいことなのなら、自分もやってみようという思いつき自体が駆け引きのある自力なのじゃ」
B男「わかりました。まず、感謝の心で念仏を称えてみます」
和尚「まあ、やらんよりはやったほうがよい」
B男「ところで最初、国会議員にアンケートとったらという話がありましたけど、あれは嘘でしょう」
和尚「嘘ではない、予想だ」

●自力はうまく結果が出ないとき、不満を抱き腹を立てる→悪い波動→悪い現実。
●他力は結果を気にしない。結果は天に任せてあるから。ただ行為そのものを喜び尊ぶ→良い波動→良い現実。

無心の時、自律神経は天の助けを得て最高にはたらく

菜根譚、前集九十一に「天はすなわち無心のところについてその衷をひらく」とあるように、天の「気」は、無心の者のところについてその能力を開花させる。

> **「夫れ虚静恬淡、寂寞無為なる者は、天地の平にして、道徳の至なり」**（『新釈漢文大系・荘子』外篇、天道）
> 静かで何も思わない状態は、自然が尊重する最も大切な無心の状態であり、道徳（道のはたらき）、「道」つまり「天の波動」を、最高に受けられる状態である。

リオオリンピックで金メダルをとったバドミントン選手、女子ペアの一人が、最後の数ポイントは何をしていたか覚えていないと言っていた。その時、彼女に「道」「天の波動」がついてはたらいたのではないだろうか。

※　　※　　※

もしも阿野マオちゃんとツバメがお話したら！

唐の皇帝・李世民の前で、モンシロチョウ族の女の子、阿野マオは、踊らねばならなかった。それは国中のさまざまな部族の代表が、踊りを披露し、一位を決める大会であった。

だが大会出場者十人を選ぶ夏の予備選では、得意の三回転半が決まらず、手足の動きもぎこちなくなってしまって、点数は八十三点で五位であった。百に近い点数をとらないとライバルに勝って優勝することはできない。

阿野マオは、いつもの練習のようにミスせずに演技ができれば、優勝するはずだった。今のところ三回転半ができる演技者はいないし、その他の演技でも彼女の演技は高く評価されていたからだ。だから彼女の口癖は「ミスしないこと」だった。

来年の三月の本大会は、阿野マオにとって絶対に負けられない試合だった。ここ何年か唐の国では野菜キャベツのできが悪く値段が高騰していた。そのために彼女達モンシロチョウ族の一派を、この国から追放しようと企む部族連合の一派がいた。モンシロチョウ族は、キャベツをたくさん食べる部族だった。当然その一派は、マオが負けることを願いライバルを応援してくる。だけど優勝すれば、唐の皇帝が、優勝者の願いを一つだけきいてくれることになっている。その時は、自分達モンシロチョウ族のために、チョウ族専用のキャベツ畑を提供してもらおうと思っているのだった。来年三月の大会は、彼女だけでなく一族の生活がかかっているのだった。

夏のおわりの風が涼しい夕暮れ時のこと、マオが外の芝生の上で練習していると、一羽のツバメが、彼女の顔の周りを一周し二周し三周し、顔の真上をホバリングし彼女の方を見た。マアッ、アレッとポカーンとして立ち止まっていると、また彼女の周りを飛び回りだした。彼女はもともと天然に素直なたちなので、つい人科チョウ族語でツバメに話しかけていた。

「ねえ、ツバメさん、なぜあなたはあんなにいつも美しく完璧に飛べるの」

ツバメは、マオが気に入っていたらしく、明るい声で返事をしてきた。

「そんなことは簡単よ。

㈠わたし、何も考えていない。例えば、美しく見せようとか、楽しもうとか、ミスしないようにしようとかね。ミスしないようにと思う時点で、すでにミスのイメージを引き寄せて、その現実に取り込まれているわ。

㈡またそしてね。右の羽を三十度斜め上にあげて、左は三十五度にこういうふうに下げて伸ばし、その時の足はこの位置でなどと考えたりしていないということですよ。あの下等なムカデだって、右側の三本目の足をこう動かして、次に左の四番目を前に進めてなどと考えてやっていたら、ムカデの神経回路に電波(天からの電波)はスムースに流れなくなり、神経回路ショートしちゃうよね。それと同じ。

㈢『わたしは、守られてる』とか『ナムアミダブツ』とか『アーメン』とか、呪文を称えて、自分を大いなるものにただ任せるの。無心に結果を思わずただ任せるの。神様か仏様にね、天にでもいいわ。

㈣演技前の呼吸も大切ね。二十秒くらいかけて、口と鼻からゆっくりと息を吐きだす。そして天の気を、臍(へそ)の下(臍下丹田(せいかたんでん))に鼻から深くゆっくりと吸い込むのよ。それを繰り返す」(『呼吸整体師が教える深呼吸のまほう』森田愛子著・ワニブックス)

日本人のあがりやすさについて。ゆっくりと呼吸ができないということが、マイナスの相乗効果を生む。ここ一番で緊張し、胸呼吸で息が浅くなる。(そのため)さらに緊張が増し、普段できることができなくなる。(参考/『「密息」で身体が変わる』中村明一著・新潮社)→**【会議・会談においても、同じ理由から呼吸は大切】**と思う。

「空（くう）」とは、出入り自由で、かつ何でも生まれる製造工場

仏教の「空」には、「無常」と「無我」がある

「無常」は、昨日のことがらや物は、今日はないということです。「無我」は、どんな存在も多くのものとのつながりによって成り立っていて、自分というものは存在していないということです。

無常とは

この世は「豊穣で美しい」という意味。

人々や政治家さんが普通に使っている、「空しい」という意味ではない。人間の細胞は六十兆個あり、そのうち一日に五千億から七千億個が生まれ変わり死に変わりしている。今日のわたしは、昨日のわたしではない、という実態が無常であり、豊穣の意味なのである。

無我とは

わたしという全体も、鉛筆という全体も、多くの存在の複合体である。わたしというものは存在しない。自分はこういう人間でこういう生き方をするのだという自我を持たないこと。どんな状況にも自分を合わせて生きようとする心の状態。

「マントラ」とは「真言（しんごん）」のことです。

われわれは、非常に小さな小さな滴のような生命だけれど、それは宇宙の大生命の中から送られてきている命なんです。だからわれわれが心を無心にすれば、宇宙の大生命に通じる言葉が出てくる。それが呪（しゅ）＝マントラです。

（参考／『寂聴　般若心経　生きるとは』瀬戸内寂聴著）

「宇宙の大生命」とは、老子の「道」「タオ」のことです。

ナムアミダブツ、ナムカンゼオンボサツというような「マントラ＝宇宙語」を称えて、心身を「空」にし、宇宙の「生命の根源」とつながることができます。この時、この「元気＝元となる気」を細胞に受けて、わたし達は「元気」になれるのです。

「空」とは、簡単に言うと「無心」ということ。

丘の上の畑で、あてもなくただ気の向くまま、草引きをしている。そんな時、無心にすべてを忘れているときがある。

お婆さんが、草引きを日がな一日やっているのにお目にかかる。婆さん達は、知っているのだ、草引きは、心を安らかにしてくれることを。やっている時は、無心になっている。そんな時、大脳が休まり、セロトニンが出て、幸せな気分になっている。知らぬ間に、天と、生命の交流をしている。健康長寿の元だ。父ちゃんと喧嘩したことも、忘れてしまっている。

マントラの例

【ぎゃーてぃぎゃーてぃ。はらーぎゃーてぃ。はらそうぎゃーてぃ。ぼーじーそわか】

【なむしゃかむにぶつ】【なむあみだぶつ】

【なむかんぜおんぼさつ】【おんまかきゃろにかそわか（観音様の御真言）】

無心にただ信じて観音様のご真言を称えたら、その真言の波動・振動を観音様（お天道様でもよい）が感知してくださり、助けにきてくれる、ということです。

※わたしは勝手に↓自分をとりこにする歌のワンフレーズもマントラだと思っています。天と通じ合うあなただけの文句・フレーズを作ってみるのも良いかも。わたしは不安な時の秘密のワード、うれしい時のワード、持ってます。

「ねえ、お月さんてなぜ毎日やってくるの⁉」

「ねえ、お月さんてなぜ毎日やってくるの」というような真実の言葉は、天も人も微生物をも動かす。

> **「幼な児が全身心をあげて母を呼び、また母がわが子を呼ぶように、真心からほとばしり出た愛の言葉や行為は、そこから出た波動は、水や植物や微生物までも変える力を持っているのである」**
>
> （『般若心経ものがたり』青山俊董著）

三歳くらいの子が、
「ねえ、お月さんてなぜ毎日やってくるの」
と言えば、大人は心を打たれる。親なら天才だと思うだろう。これは純粋に本当にそう思って言っているからだ。

これを大人が、「ねえ、お月さんてなぜ毎日やってくるの」と言ったら、ましてオヤジが口走れば、周りは総毛立つだろう。それはそのオヤジに、雑念があるからだ。

このように自分の言葉が、相手に通じるには、頭も心も空っぽでないといけない。はからいの心を捨てた言葉でないといけない。はからいの心を捨てた無心な言葉でないといけない。子どもを相手に話すと、本物か偽物かは、すぐに見破られてしまう。

アメリカの大リーグの野球を応援している若い女性が、味方のホームランに両手をあげて喜び、体を揺すって心から楽しんでいるのを見ると、こっちまで一緒に楽しくなってくる。

しかし日本人が、同じようにはしゃいでいるのを見て、ちょっと共感できない時がある。前者は無心であり、後者は実は何か他のことに気を取られていたり、周りの視線を気にしていたりするからだ。

親鸞という浄土真宗の開祖であるお坊さんがいる。

親鸞さんは、ただ一つ、「ナムアミダブツ」を称えなさい。そうすれば仏様があなたの声をお聞き届けになり、極楽に連れていってくれると言う。ただこの念仏が、真実でないといけない。純粋・無心、はからいのない己（おのれ）から出た言葉でないといけない。

親鸞聖人は言う。〈仏様が、わたしをだまして、地獄に落とそうが、またはうまいこと極楽にやってくれようが、そんなことはどうでもよい。ただわたしのようなものでも救ってくださるという、その温かいご慈悲心を信じ、念仏を称えさせていただけるだけでありがたい〉

※　　　※　　　※

真実の言葉

ポン助とポン子の二人が、それぞれ目の前のガラスコップに入れた水に、声をかけています。

「なにしてるの」

二人を木の葉っぱの上から見ていたオトシブミが、声をかけました。葉を巻いて巣をつくるのはメスだから女語で話します。

「水を清めてるんだよ」

ポン助が答えました。

オトシブミは赤ん坊のゆりかごを作るのをやめ、二人を真上から物珍しそうに見下ろしています。

「やさしく声かけした水と汚い言葉をかけた水、どっちがおいしくなるか、実験してるの。きれいなきれいなお水さん。やさしいやさしいお水さん、わたしはあなたが大好きよってね」

こんどはポン子がオトシブミを見上げ、ていねいに教えました。

「すごい実験ね。でもどっちの水もあまり変わってないみたいな……」

オトシブミは首をかしげました。

「ちょっと飲んでみるよ」

ポン助は、やさしく声かけした方の水を飲んでみました。両目を見開き、

「あっ、なんだかさわやか、それにちょっとおいしくなったような」

とニコリとしたので、みんな大喜びしました。

これを見たオトシブミは、自分に声かけしてみました。

「わたしは、毎日若返っているわ」ってね。この言葉が、真実の言葉なら、本当にそうなるでしょう。
※「オトシブミ」の名は、昔の人が、道に落として恋文を人に渡したという「落とし文」からきています。卵を産みつけた木の葉を葉巻状に巻いて、道に落とす小さな昆虫。

第三章　人は食うために働くのではない

効率を求めることを諌める章

魚を釣るために、竿を垂らしてはいけない

わたし達は常に目的をもって何かをしようとする。しかしそれに固執してはいけない。波動が悪くなる。まずしている時を無心に楽しむこと。すると波動が高まり望んでいたことがかえってかなうようになる。

「文王、臧に観ぶ。一丈夫の釣するを見る。而して其の釣、釣ること莫し。其の釣を持して釣ること有る者に非ざるなり。常に釣れり」（『新釈漢文大系・荘子』外篇、田子方）

「周の文王がある時、臧というところで遊んでいた。するとあるおっさんが一人で釣りをしていた。しかしおっさんは、魚を釣ろうとしているというより、ただ竿を垂らし、ただその時を楽しんでいるようなのだった」

文王は、感心し、国の政治を彼に任せようとした、と話は続いている。

※　※　※

オバマ大統領、波止場で釣りをしているトートたわしに出会う。

西の波止（埠頭）で一人、釣りをしているおじさんのところに、オバマ氏は歩いていった。

「あなたはなぜ、南の波止で釣りをしないのですか。さっきから見ているのに、あなたは魚を釣りあげていない。あの南側では、見ている間に何人もの人が、サビキで一度に、五つ六つと魚を釣りあげて箱に入れていますよ」

トートたわしは、背後に三人のＳＰを従えているオバマ氏に笑いながら言った。

「ここは釣れんからいいんだよ。魚があんなに釣れたら、騒々しくなってかなわんわい」

「えっ」と、オバマ氏は驚く。見たところ頭が変な男ではなさそうである。

「あんたはんねえ、あんなに釣れたら、箱に入れるのが大変だ。氷もいる。家に持って帰れば重たい。持って帰ったら洗って、冷凍庫に保存しなきゃあならん。冷凍庫がなければ、すぐに調理して塩漬けにしておくことになるから、大変なことになる。今時はらわたをどう始末する。燃えるゴミかい。冗談じゃあないよ、まったく。うまいこと保存したって、取り立ての味とは、違う。まあ最高なのは、三匹よりも二匹、二匹よりも一匹、一匹だけ釣れることだね。何にも釣れんかったら清々してこれまた最高ってとこだ」

オバマ氏も理論派の弁護士、そのまま引き下がらない。

「バァオーン、変人よ。たくさん釣れたら人にあげればいいでしょう」

トートたわしは、めんどくさそうに頭を掻きながら、それに答える。

「バァオーン。はい、人にあげようと思えば、まずその人達の顔を思い浮かべ、取捨選択し、誰に何匹あげるか考えんといかん。決まったら小分けし、適当な袋に氷と一緒に入れるようにせんといかん。さらにお返しがもどってきたりすると、頭が変になってくる」

オバマ氏は、笑っていた。この変過ぎる理屈に、負けそうになっていたのだ。

「でもねえ、おじさん、あなたは大事なことを忘れているよ。あなたは魚を釣るためにここにきた。釣れないと楽しくないでしょう」

今度はオバマ氏、この変人から一本とったというドヤ顔だ。

トートたわしはそれにも答える。

「そもそも魚をたくさん釣るという目的のためにここで何をかしておらん。楽しいとか楽しくないとかそんなもんではないやすらぎがある」

「ハア！意味不明ですから」

「あの西の空はやがて濃藍色から群青色になり、やがて茜色に染まる。残照が海面を滑ってきて、わたしの顔を赤く染める。ある瞬間だが、わたしは茜色の空の渾沌に溶け込んでいる。その時、永遠がわたしを染めているのだ。その時、わたしは自己の本性に触れている。本性が開き未だ目覚めぬ未開の細胞が動き出すのを感じる。そして同時に何もないということは、実はこんなに素晴らしいことなのだと知る。わたしはあの南の波止の人達のように人生を手段にし、人生を無駄にしていないのだと知る」

人は普通、目的をもって行為するものだ、それは無駄なのか。オバマ氏が、ため息をした。何か途方もない景色や神を見たときの感動から言葉を失っていたためだろう。

オバマ氏は、一礼し去ろうとしていた。トートたわしは、やさしく包むような声をそのオバマ氏にかける。

「わかりませんか。今のわたしの福を福々を」

「…………………」

「わたしがこの何もないところで釣りをしていたからこそ、あなたという福がこの空間に引かれてやってきた。つまり、今を楽しむ無心なわたしの波動が、あなたという福を引き寄せていたのです」

そういうと何を思ったか、トートたわしは竿をあげた。

オバマ氏は、その竿の先から垂れる糸の先端を見て、自分の身が、空になってまったく異次元の世界に溶けて行ったような感覚におそわれた。糸の先端には、納豆ほどの鉛が一つと、釣針が一つ。しかもその針には、ご飯粒が一つ付いているだけだったのだ。

※リフレッシュについて→例えば、リフレッシュするために花公園へ行く。それとも花が見たいからちょっと行ってみる。あなたはどっち派？

何にもならんことをする

幸せな時とは、分別忘れて楽しい時を持つこと。この時、波動の質は良くなり、宇宙パワーを受けやすい状態となっている。


「ここをはけ」

沢庵和尚が紫色の清楚なスーツを着た女代議士に言う。紫色のスーツの女は、悩みがあって、沢庵に相談に来ていた。

「あの、ここよりもゴミのある、あそこの桜の下を掃きます。それが終わると相談にのっていただけますよね」

和尚は、少し怒って言った。葉桜がじっとしている。

「馬鹿モン、とは言わんが、おろかもん。おまえの欠点は、すぐそのように効率や効果、それから目的を考えることなんじゃ。そんなことは、ワシは知らん、ただここを掃け、それが嫌なら帰れ」

さらに「弟子が呼びに来るまで、拝殿に通じる、このゴミのなさそうな道を掃いておれ」と念を押すと、和尚は風のように寺の中に消えていった。

女代議士は、竹ぼうきで土の上を掃き始めた。竹の引く線だけが土の上に残り、ゴミらしき物は見当たらない。それでもただひたすら竹ぼうきを動かす。どこからか風が飛んできてふっと彼女のうなじを撫でていく。木漏れ日が揺れている。

ふと不意に思い出していた。こんなふうに自分のためにも人のためにもならないことをしていた幼いころのことを。懐かしい風の匂いに連れられて、砂場で仲良しの美香ちゃんと二人、時間を忘れて丸い砂団子を作っていた子どものころを。あのころのもう二度と戻っては来ないおとぎの国のことを思い出して、フウッと大きく息を吐いていた。なぜか胸が熱くなってきていた。

寺の若い坊さんが彼女を呼びに来るのを待たず、彼女は泣きながら和尚の前に行くと、畳に額を圧しつけ、ここで修行させてくださいと懇願した。

五日間、代議士は、障子の桟を拭く時にはそのことだけに集中し、無心に汚れのない広い縁側を拭き、広い庭を掃き、丁寧な生活をし、只管打座（ただひたすら座ること）をして過ごした。

それまで何も言わなかった和尚が、帰り支度の彼女に言った。

「何かできるかできんで、物事をするかせんか決めるんじゃない。……それから人間は、何も思わず何かしちょる時が、一番良い状態なんじゃ」

「はい、またそのような瞬間が一番何かアイデアのようなものがひらひら湧いてくるようです。変ですね、考えようとすると何も浮かばないのに」

『運が良くなるには、方法があります』（内野久美子著）には、分別する知を捨てて、無目的無心の楽しい時を持つと、宇宙エネルギーを引き寄せる魂の場ができ、運が良くなる見えない力にあずかれるようになる、というようなことが述べられている。

「私たちは事に当たる時、そのことが私にできることか、できないことかを問い、また、その結果を問う。さらには、それに対して人々はどう思うかを考えてしまい、結局は何もしないで終ってしまうということになりがちである。私の力にあまることとか、あまらぬことかを問わず、（中略）やらねばならないことのみを考え、莫直（まくじき）に勤めあげる。今ここにおいてのまじり気のない無所得行（むしょとくぎょう）、それが精進の精の字の示すところであり、『精にして雑（まじ）らず』の心であろう」

（『道元禅師・今を生きることば』青山俊董著）

※驀直去（まくじきこ）↓「いろいろ思わずただ無心にとりかかれ」という意味。１２８１年元軍14万人、４０００艘の大軍が、九州に攻めてきた。その時、ビビる北条時宗に、無学祖元和尚が、授けた言葉。結局「神風」が吹いて、元軍は負けた。ただひたすら前後思わずがんばった時宗と日本軍に「宇宙パワー」が降りてきて、「神風」が吹いたのではと思ってしまう。

利益効率だけを追う者の人生は、苦しい

今、目先利益になりそうなことなど、たいしたことではない。結果を思わず喜びを感じて何かをするなら、良いことは勝手に向こうからやってくる。

例えば、アリさんのことが不思議で観察したり、絵にかいたりしている子がいる。一方では、点数をとるために、苦しくてもアリさんの知識を増やし覚えようとしている子がいる。どっちが「天」に好かれるか。

松原泰道全集『禅のこころ（「色即是空」と禅の精神）』の中に〈凝聖人（ちせいじん）の「智慧（ちえ）」〉という一節がある。

> 「般若心経」を読誦（どくじゅ）したら何か「ご利益（りやく）」はありますか。
> この答えは、「そんなこと考えるな」です。
> または、「あるかも知れん、ないかも知れん」でしょう。
> 白隠和尚（はくいんおしょう）が、次のように問います。
> 白隠「徳雲（とくうん）という文字通り徳の高い修行のできた坊さまがいた。その徳雲が凝聖人を連れてきて、一緒になって、降り積もっている雪を担（にな）って運び、井戸を埋めようとしているが、これは何を意味するのか」
> この答えは、「自分の地位や苦労や信仰にとらわれることなく、しかも利益を考えずに黙々と積み重ねていくことの『尊さ』こそ、人生を充実したものにしていく」です。（要約）

おいしいことは、どこにもなさそうだし、なんにもならんようなところに、舞い込んでくる。

人生の充実感は、目的を忘れ、ひたすら何かに打ち込む時の積み重ねの中に生まれてくる。

仕事で、やれ時間外労働だ、労働基準法違反だ、と条件を言う。その割に給料が少ない、と正当なことをさらに述べたてる。

学校では、保護者が子どもの点数が悪いと、いろいろと指導の欠陥を指摘してくる。実に的確な指摘である。子どもは子どもで、席替えされた場所に、不公平だと正論を言う。トイレ掃除はかわりばんこでないと公平でないと思う。これが日本の今の自由の姿なのだろうか。

トイレ掃除になったら、損も得もなしにやる。バカに見えるかも知れないが、かわりばんこにならなくても気にしないで一心にやる。すると楽しくなり波動が高まる。そんなタイプの子には、良いことがきっとやってくる。

楽しいこと楽なこと気持ち良いことだけを求めている子に限って、逆に不平不満が多く、楽しむことが少ない。波動は低く、詰まっている。

欧米の自由や今の日本人の自由と、昔の日本人の自由とは、違っている。仕事で死んではいけないし、意地になって体を壊すほどやっても良くない。

しかし損得抜きに無心に目の前の仕事をすることは、自分を救う方法であることに間違いない。

結果を思わず、無心に今を生きる時、逆に願いがかなうようになる。願いがかなうとか、かなわないとか関係なく、今していることに幸せがあるなら、波動の質は高まり、逆に良いことが勝手に向こうからやってくるようになる。

井戸に雪をうずめるという「痴聖人の智慧」とは、幸せはこのようにしていれば、向こうから勝手にやってくるという「智慧」なのではないか。

人は食うために働くのではない

【人は何かの目的のために何かをしてはいけない】と言っているのです。

何か目的を持ってするのは、生活のために大切なことです。しかしいい大学に入って、良い給料をもらうことが目的なら、その人の人生はなんだったのでしょうということになります。例えば、人からほめれようと、たくさん鮎をとろうとおじさんは方法を考えて実践します。しかしそんな鮎とりは、きっと空しいのです。

ある女の子がいた。彼女は有名シンガーになるために北海道から東京に出てきている。居酒屋でバイトをし、昼間やバイトのない夜に、街中で路上ライブをしている。しかし彼女が居酒屋を手段とし、路上ライブを有名になるための道のりだと考えているとしたら、彼女は幸せなのか、また成功は訪れるのだろうかと思うのです。というより、今があるのか。今がないと未来はないのでは、と思うのです。

小学三年生の何人かは、漢字ドリルを早く終えて、先生の完了のスタンプを早くもらいたがっている。これも、今がないし、今がないから未来はあるのかということになります。

※　※　※

デープとかいうタレントが、日本の自動車業界が開発した、一人乗りの空飛ぶ車、車道も走れる〈飛行車〉に乗って、日本中を宣伝のためにまわっていた。今日中に下関まで行かないといけない。

中国山地の南西にある、山の麓の村を低空で飛んでいると、羽根に黒い紋のある見慣れたモンシロチョウに出会った。キャベツのある、段々畑の下の方を飛ばず、モンシロチョウは、上の方の梅畑の中をふわりふわりと飛んでいるので、シャクにさわったデープは、

「おい、おまえ、こんなところで、なにやってんだ。下に行け、下に行っておまえの仕事を早くしろ」

と上から指図してきた。するとモンシロチョウは、なぜそんな変なことを言うのかという表情をした。

「あんね、おじさん、あたいは、ただこうしてこのへんを飛びたいから飛んでるの。ジャークサイからあっちへ行って。ああ、そう、あそこにキャベツがあるのね。あんね、おじさん、わたしには、キャベツをさがそうと考える能力も、見つけたら卵を産まなきゃあって、先のことを考える脳の味噌もないのよ。だから当然早くしなきゃあ、なんて思いもしないわよ。ほら、あなた達だってよく言ってるでしょ、『そこに山があるから登る』、いつもそういう感じよ…………。ところでおじさん、なんでそんな車に乗ってるの」

デープは、いつもの早口で答える。スローな話し方は時間の無駄である。

「それはだね、新車の宣伝のため。自分の生活費を稼ぐため。チョウがそんなこと聞いてどうすんの、ムダ」

「ふーん。簡単に言うと、ようするに食うために働いてるのね」

「あん。ネエちゃんだって、食うために飛ぶ。子を産むためにキャベツに飛びつく」

「ちがうますです。さっきもお伝え申したように、わたしはただ飛ぶために飛んでる。そりゃあミネラルを吸うために地上に降りたり、蜜を吸うために花にとまったりもするわ。でもその時はそのことだけ、つまり食べるために食べるの。先のことなんて、わからないわ。あなた達は、アリさん見ても、食料

を貯蔵しておくためによくがんばってるなあ、なんて思うのよね。アリさんは、そんなことを思わずただひたすら体を動かしてるだけ。体を大きくするために食べるとか、次の仕事をするために食べるとか、人族はするわけよね。それって次の生のために今を犠牲にしとるとか思わんの。一期一会（いちごいちえ）してないとか思わんの。だから人間はストレスたまるのよ」

モンシロチョウは、自分の思いつきを、ちょっと得意げに語った。デープには、陽気なアメリカ人気質も入っているので、素直なところがあり、ちょっとこのチョウに感心していた。

「そうかもね。ネエちゃんあんた、それでふらりふわり楽しそうだったんだね。ボクもネエちゃんと同じように飛んでるけど、義務感とか、もう少しで終わるとか感じてたんだよ。飛ぶときには、いろんなこと忘れて飛んでみてみたいな」

「そうその調子。資格を取るためや、大学に受かるために、あんたさんの子どもにいつまでも勉強させないの。勉強するために勉強するの。資格や合格は、その結果」

「ウンウン。ところでネエちゃん、あんたホントにチョウかい」と言うと、デープはいそいそと飛び去っていった。

※　　※　　※

『無事（ぶじ）これ貴人（きじん）（臨済禅師）』とは、誰に見せるためでもなく、日々の自分のつとめを生き生きと喜びをもって行える人のこと。

「今の時代、人は宝塚のシンデレラにはなれても、凡庸な主婦になるのは、駱駝（らくだ）が針の穴を通るくらい難しい」

「意味わかりません」

「野辺に咲く多くの草花、その中のたった一つの小さな花。それは誰も振り向かない花だけど、天上天下唯我独尊（お釈迦さまの言葉）なのだ。誰からか照らされなくても、明るく生きていける。自分を照らす光を自ら持ち（自灯明）、法（天地の真理）に則って生きている。そんな人間になることの方が、シンデレラになることより難しいと言っているのです」

食うために働けば苦しく、働くために働けば楽しきこともある

小説で賞をとるために書くことは苦しく、書くために書くことは楽しいのです。しかも成果は、後者の方から生まれます。これすなわち「無為にして為さざる無し」（老子四十八章）です。

今を生きるとは、働くために働くことです。こういうふうにしていれば、手抜き工事などしなくなり、結果その商売も繁盛するでしょう。この深い自覚がないといけません。

わたし達は、普通「働かざるもの食うべからず」と言って、働いて給料をもらうことが、すばらしいことだとしています。これは実は手段と目的が分離されていて苦しいのです。だから仏教では、働くために働きなさいと教えているのです。

仏教は、わたし達がどうすれば幸せに生きられるか教えてくれている仏様の教えです。

この「働かざるもの食うべからず」と混同されてしまっている「一日作さざれば、一日食らわず」という百丈懐海禅師の言葉は、収穫が目的ではなく、働くこと自体が目的という意味です。「人は食うために働くのではない」〈参考／『わが歎異鈔』下巻（暁烏敏著）・『迷いが消える禅のひとこと』（細川晋輔著・サンマーク出版）〉と言っているのです。「働くために働きましょう」と言っているのです。

「**一日作さざれば、一日食らわず**」という文句は、中国の禅宗のお坊さん百丈懐海禅師（七四九～八一四年）の言葉です。この言葉が日本で広まり、「働かざるもの食うべからず」と混同されてきた

のでしょうか。

老和尚（百丈懐海禅師）は老いても毎日畑に出て、畑仕事をしていましたが、ある時弟子達が和尚の身体を心配して農具を隠してしまいました。すると和尚は、「一日作さざれば、一日食らわず」と言って食事をしなくなったのです。

和尚はこう言いたかったのです。ワシを殺す気か、昼間何もせずじっとしていて、夜になると待っていた食事をするということは、和尚にとっては死んだも同然だと。一度死んだ者が、飯を食っても食ったことにはなりません。生きながらの生の喪失は嫌だと言ったのです。生は、瞬間瞬間の連続で、今を生きないと次の生への連続性はなくなり、生きる屍となってしまうと言いたかったのです。昼はただ働くために働き、夜はただ食うために食う、この生の連続性を失いたくなかったのです。一日自分のすべきことをしなかったら、飯のタネにならない念仏でもいいです、しなかったら飯は食わないと言っているのです。自分の人生を今日一日ちゃんと生きなかったら飯を食わないと言うのです。人が見ていようがいまいが、人には朝起きてから、すべきことがいくつかあります、自分を律して自立した生き方をしようとしているのです。そうしないとすっきりしないし、飯を食わないと言っているのです。自分の幸不幸は、自分次第、自分を照らす自分の光＝「自灯明」を今日も消さないと言っているのです。厳しい生の姿です。


（原典は『景徳伝燈録』など。『松原泰道全集「仏教のこころ」』など参考）

今少し、「今を生きる」とは何か、具体的に考えてみましょう。

啓蟄を過ぎて、しばらくの、まだ風の冷たい朝。

黒くて首の長いマイマイカブリが、掘り返されたでこぼこの畑の土の上を、つらそうに歩いていました。

それを見ていた、ある国会議員氏が、

「可哀そうに、おまえはそうやって、歩きにくい土の上をあてもなく身を縮ませながら、カタツムリをさがして歩いておるのか」

とマイマイカブリに声をかけました。するとマイマイカブリは、けげんそうな顔をして言いました。

「いいえつらくはありませんよ。冷たく肌を刺す朝の風もわたしには、心地よいものですし、苦労して歩いてまわることもまた、わたしにはどこか楽しいことなのです。

食べ物はいつ得られるかわかりません。だからこうやって朝の寒さを喜び、体を動かすことを喜び、感謝して今を歩むようにしているのです。もしも食べ物だけを生きがいに歩いていたとして、目標の食べ物が得られず死んでしまったら、わたしの一生はなんだったのかということになりますでしょう。わたしは食うためにだけ、今、歩いているんじゃあないんです。ところであなたさんこそ、おつらそうですね、見栄や義務で何かしていらっしゃるからでは」


では反対に、「今を生きない」とは何か、具体的に考えてみましょう。

(例一) ビールだけが目当ての人

ある時、スルオが、三日後の天気が晴れだと知って、その前の二日間はどうでもよいと思い、部屋でじっとしていました。しかし三日後は、大雨になりました。スルオはバカだから、怒り狂いました。彼は、その前の二日間を三日目のために使うべきではなかったのです。一日目は一日目のために、二日目は二日目のために使うべきだったのです。

またある時のスルオは、三日後の会議が心配でなりませんでした。にがてな課長が判定員として出席するのです。彼は、二日間かけて、課長に気に入られるような企画書を苦労して作成しました。しかし三日後の当日、課長は欠席し、その場にいなかったのです。彼の二日間は、なんだったのでしょうか。企画書は、没になりました。

その話を聞いた東インド会社のヤルオ社員は、スルオを「馬鹿な奴だ」と笑った。東インド会社とは、ビールを作っている会社で、ヤルオはその工場で働いている。彼の唯一の楽しみは、夕方ビールを飲むことで、考えてみると彼はそのビールを飲むためにのみ働いていた。同じ穴のムジナだったのだ。

（例二）仕事がつまらなくなる人

「働かざるもの食うべからず」、クルオは仕事がつらくなった時、よくこの言葉を思い出して奮起するようにしている。人はみな「食うために働いている」、つまり給料をもらうために働いているのだった。

彼の父親も働き者で、彼にそう言って人生を教えていた。

クルオは生活保護者が、一日千円では生活できないと訴えているのを聞くと、たまらずヤフコメに、「働かざるもの食うべからず」とコメントしていた。

夏には、クルオは、土日だけプール監視のアルバイトもする。

彼は、炎天下、早く終わりの四時半が来ないかと、いつもじっと監視用の椅子に座って固まっていました。その時、楽しそうに泳いでいる子ども達を見て、心を躍らせることもなく、青空の下、プールの周りを楽しそうに飛ぶトンボも見ていません。また同じ仕事をしている者との会話やお客との交流もしようとしません。顔をしかめ、ときどき時計を見るだけです。四時半になると、さっさと帰ります。

実は彼のそういう仕事に対する取り組み方が、仕事を自らつまらないものにしているのでした。また仕事の質も低下させているのでした。

人は、「**食うために働くのではなく、働くために働く**」のです。

食うために働くのなら、クルオのように目的と手段が別のものになってしまい、さぼっていてもいいということになるし、はては食うためには何をしてもいいということになってしまいます。天下り団体に籍だけおいて給料だけもらうというようなことが平気でできるようになっている社会になるのです。本人は得をしたような気になっているかも知れませんが、百丈禅師なら、否、と答えるでしょう。その役得自体を、天罰だと言うかも知れません。

日本の技術がすばらしいのは、日本のこの仏教の教えの文化のおかげです。職人さんは、日本では尊敬されます。彼らの報酬を忘れた日々の仕事への生きざまが美しく作品が素晴らしいからです。日本の仲居さんのサービスがすばらしいのは、日本のこの文化ゆえなのです。

西欧の「働くことは罪」のような、必要悪のような考え方は、日本には元々ないものだったのです。外側のマネだけして内容のない製品を作ることは、日本人にはできないのです。

第四章　「無為」がトラブルを遠ざける

人間関係のトラブルを防ぐための章

いじめっ子への対処法は、「木鶏」に学ぶ

紀渻子という者が王のため、闘鶏を訓練した。**十日にして問う、「鶏すでにするか」。曰く、「いまだし。まさに虚憍にして気を恃む」**＝十日後に王が紀渻子に聞く、鶏は試合に使えるようになったか、と。いやまだですと、紀渻子は答える。今はまだ、から元気でいばっているところです。**十日にしてまた問う。曰く、「いまだし。なお嚮景に応ず」**＝十日後にまた問う。まだです、相手を見ると飛びかかろうとしています。**十日にしてまた問う。曰く、「いまだし。なほ疾視して気を盛んにす」**＝十日後にまた問う。いえまだです。こんどは相手を睨みつけています。**十日にしてまた問う。曰く、「幾し。鶏、鳴くものありといえども、すでに変ずることなし」**＝十日後にまた問う。だいぶ良いようです。相手が鳴いて、いどみかかっても平然として動じません。**「これを望むに木鶏に似たり。その徳全し」**＝まるで木彫りの鶏のようで、その徳は完成しています。こうなっては相手の鶏達は進んで戦うことができず、みな逃げかえっております。

（参考／『中国の思想・荘子』『新釈漢文大系・荘子』外篇、達生）

※

※

※

Ａ男「あの公園に、一羽の鳩がいます。そこにカラスが数羽やってきて鳩をいじめていました。鳩は最初コケコッコオと言って」
Ｂ男「ちょっとまて、鳩が『コケコッコオ』だと。それに『と言って』じゃあなくて、『鳴いて』だろ。もういいよ」
Ａ男「つつかれると最初、鳩は、コケコッコッ、コケコッコッと早口に鳴きだし、羽をバタバタさせて驚くのです。カラスはおもしろがって、ますますつつきます」
Ｂ男「おまえのその不可解な脳のおかげで、頭の中で、鳩と鶏の区別がつかなくなってきた」
Ａ男「十日後、またあの公園に行ってみました。
こんどは鳩の方が睨みつけて、羽を振り上げ、足で蹴って反撃しました。しかしカラスの方はおもしろがって、以前にもまして余計にからかってきました。鳩の方は、反撃して疲れた上に、反撃の効果もなく、逆にますます攻撃を加えられてへとへとになってしまったのです」
Ｂ男「ふん、それで」
Ａ男「ハイ、また十日後に見にいきました。その時はなんと、あのいじめられていた鳩が、果物やネズミの死骸を持ってきていて、それをカラス達にやっていたのです。そのエサがある間は、鳩も攻撃されませんでした。しかしなくなるとまた攻撃を始めました。あげくにこんどは、人間の食す鶏のもも肉を持ってこいだの、菓子をもらってこいだの、神戸牛が欲しいだのと言いだしました」
Ｂ男「ふん、逆効果だったんだな」
Ａ男「ハイそのようです。次の日、休みだったのでまた行ってみましたとさ」

B男「やめろ、いきなり伝聞になるな」

A男「鳩は、こんどは泣き落としにかかっていました。どうかお許しください、悪いところは悔い改めます、と言いつつ泣くのです。この状況にカラスはなぜか逆上し、前にもまして攻撃し、羽をむしったり、目が涙で光るとカラスは光るものに興味を持つので、目を突いたりしだしたのです。わたしはとうとう見ていられなくなり、そのカラスを追っ払い、鳩を助けてやりました。

鳩がわたしに申します。『わたしのようなものは死んだ方が良いのです』と。で、わたしはこう言いました。『ものはみな、生きてるだけで価値があるんだよ。いつか必ずいい時がくるから、しなやかに生きていなさい』とね。

それから『いじめにあわない方法を教えてあげるから』と言うと、これには関心がわいてきたらしく、首をスッとその瞬間伸ばしたのです」

　A男は、一度咳込んで、また話を続けた。

A男「後日、わたしは鳩に、木で作った鳩を見せました。そしてその木の鳩を、鳩がいじめられていた公園に置いたのです。カラス達は、最初遠巻きに眺めていて、それからちょこちょこつついたりしていましたが、やがて全員逃げて行ってしまいました。そばに隠れて見ていた鳩に、わたしは言いました。

『どうだ、おまえさんも完全にあの木の鳩のようになれば、カラスもおじけづいて逃げていくのだ。心は木のごとく何ものにもとらわれてはならない。これを虚と言う』と。

それから、三日間、鳩にきれいな水たまりで体を清めさせました。

次に、五日間、食事をとらせず、水だけ飲むことで体内を浄化させました。

さらに七日間、下腹で深く呼吸する訓練をし、何事も下腹に力点を置いて行動させるようにしました。すると、おどかされても、表情を変えなくなりました。

やがて、わたしがカラスの着ぐるみを着ておどしても、呼吸に乱れがなくなり、羽毛ひとつ動かさなくなるまでになりました。

今までは〈体の斎〉です。

次に〈心の斎＝心斎〉です。心を白く無にするのです。

十日間ほど、心を『無』にするために、『坐忘』をさせました。

やがて木彫りの鳩とまったく区別がつかなくなりました。呼吸さえも感じ取れなくなりました。ほらっ、あそこにいるあの鳩をよく見てください」

B男「むーっ、まるで『木鳩』だな。それにしても『無』は難しそうだ」

A男「あなたも『坐忘』したらどうですか。心を『空』にしてただ無心に座っているのです」

不安から起こす戦略的行為は、悪いことが起こったらどうしようという、悪い事態を前提にした行為です。その不安な思考は、マイナスの波動です。マイナスの思考はマイナスの波動を出して、マイナスな思考を現実化させてしまいます。

この木鳩のように、策を労しないこと。そして無心に今することをし、天を信じていれば、宇宙はあなたを助けるように必ずはたらくのです。

仲良くしたいと、いろいろするなら、かえって仲が悪くなる

「有為にして累わしき者は、人道なり」（講談社学術文庫『荘子上』外篇、在宥）
「為す有りて累ふ者は、人道なり」（『新釈漢文大系・荘子』外篇、在宥）
人間が、浅はかな知恵をはたらかせて何かしても、やがて物事はもつれてうまくゆかなくなる。
※有為（ゆうい・為す有りて）は（有為）と読む場合も。

「自分が攻撃されないためとか、集団の中で不利にならないようにという思惑のため、人はつい何か余計なことをしてしまう。
（「引き寄せの法則」から考えても、「集団からはじかれるかも」とかの悪い予測の悪い波動は、同じ波動の悪い現実を引き寄せてしまう）

（例一）大人の職場

例えば、A氏は、ようやくホテルのフロントの仕事にありつけた。パートで夕方から朝まで、十四時間の勤務がある。先輩のB氏とは十四時間を共にする。A氏は、先輩のB氏に仕事を教えてもらい仲良くしてもらうために、田舎から送ってきた栗を持っていってあげた。仕事は、受付だけでなく、会計、清掃、保安、朝食の準備と思ったより多い。

C氏もA氏と同時に採用になった。共にローテで週三日の勤務である。しかしC氏は何も考えていないのか、そういう作為的なことはしていなかった。

どっちが正解かというと、C氏の方である。

理由は、

㈠A氏の場合は、先輩に気に入られようとどうしても気をつかうから、仕事への集中力が削がれる。

㈡A氏の場合、先輩のB氏に必ずしも良い感じは持たれていないということです。それはA氏が、自分を操作しようとしていると、無意識では感じているからです。

㈢C氏の場合、純粋に雑念のない心で仕事を始めているようです。葛藤もなく、仕事に集中できるでしょう。

> **「無為（むい）なれば則（すなわ）ち兪兪（ゆゆ）たり」**（『新釈漢文大系・荘子』外篇、天道）
> はからいごとなく無心に物事に取り組めば、仕事も楽しむことができる。

(例二)　学校→学級の中での人間関係

例えばクラスにボスがいます。とりまきが三、四人います。彼らとクラスが一緒になった最初の時期、D君は不安になり、先手を打って、ゲームソフトをあげました。ボスは突然もらって少しとぼけていましたが、結局ボスのとりまきにも何かしらあげることになりました。人間という者は、一度もらうとなぜかもらうのがあたりまえの感覚になってしまうものです。次には、ペンや消しゴムをあげたりし、掃除も彼らの分までするようになりました。これでもうお互いの暗黙の契約は成立してしまったのです。契約を破ると大変なことになります。

D君は無意識では、彼らを拒否しているので、葛藤が生まれ、とても疲れてきます。ときどき反抗したくなります。しかしボス連は、ときどきふとした折に出るD君の目や顔の歪みからも、そんな彼の心はお見通しですから、ますますいらだちいじってみたくなり、そうします。するとD君は、さらに事前の策を考え行うようにするので、悪循環に陥るのです。

一方E君は、ボス連を良くは思っていなかったけど、自分の弱さに葛藤がなく（自分の弱さを、恥ずかしいことだとか、つまらない人間だとする気持ちが少ない）ボーッとしている性質なので、攻撃される不安もなかったし、だから何も特別の反応を彼らにしていないのでした。

彼らにとって、木や瓦を相手にしても、おもしろくなく負けるだけなので何もしない関係になっていたのです。

でもなかなか人は弱いもので、にがてな相手には、無意識に媚びてしまっているのです。そういうことに目ざとい連中は、見逃しません。こいつはおもしろいとか餌食になると瞬察してしまうのです。

ではボスにくっついて楽しそうにしている連中は、どうなのかと思うでしょう。彼らはとりまき子分でいることに葛藤がない、つまり抵抗感がないのです。抵抗のない電線のようなものでしょう。

(例三) 教師と生徒、親と子の関係

教師も親も、子どもとの関係を良くしようとして、機嫌をとってはならない。人為的でないほうが良い。

教師の方が、児童・生徒と仲良くしようとし、今日は、時間が空いたからゲームをするとか、授業中に手紙を書いて渡したりしている子を見ても、見逃す。また何かをあげる。変なことを言って、笑いをとろうとしたりする。結果は、ろくなことにはならない。理由は簡単、**「無為にして為さざる無し」**（老子四十八章）と逆のことをしているから。

家庭でも、似たようなことをする親がいる。

この場合、教師も親も自己中心的なタイプの人間で、自分のために人為的な行為をしてしまう。人為を為す人間は、自分を中心としてすべてのものを自分と区別し、相手を制御コントロールしようとして浅知恵をはたらかし、つまらんことをして、自滅する。

団体の長も、団体を支配しようとして、作為すべきではないし、国の支配者も、あれこれと策を弄してことを為すべきではない。

また幸せになろうとして、あれこれしても、幸せにはなれないだろう。例えば、条件の良い男性を得ようとしても、得られないだろうし、たとえうまく得られたとしても、幸せになれる可能性は低いような気がする。**こういう人は、「道」の助けが得られないからだ。**

【まとめ】『人生の悲劇は「よい子」に始まる』（加藤諦三著）に参考になる箇所があったので、次に引用させていただきます。

「人に自分をよく印象づけようとして緊張する人は、自分の周囲にいる他人をよく見ることである。

（中略）たぶん自分が好ましいと感じている人は、そう思われるために何か特別な努力をしているだろうか。（中略）そのようなことはしていないはずである。（中略）よく手のひらの上の鳥はつかもうとすると逃げるという。人間関係でも同じである。人に対して誠実に振舞うことなしに、単に人によく思われようとすることは、暴飲暴食をして運動もせずに健康になろうとするようなものである」

叱り方は、瓦に学ぶべし

「忮心有る者と雖も飄瓦を怨みず」（『新釈漢文大系・荘子』外篇、達生）
どんなに怒りっぽい者でも、屋根から落ちてきた瓦を恨んだりしない。

どんなに怒りっぽい人でも、足元の瓦につまずいたとき、瓦を恨んだりしない。瓦が無心な存在だからだ。同じように無心な心で注意してくる人を、普通の人間は、恨んだりしない。つまり無心でいるなら、その人は誰からも災禍を受けることはない。

※　※　※

その年の夏は、暑かった。最高気温四十度。

プールの監視員には、さまざまな人が雇われた。おじさん、フリーター、若者プー、学生。その中の一人に、幼児プールで監視中にパイプ椅子に座って居眠りしている若い男がいた。反対側で監視していたおじさんは、怒ってその若者のところに行って言った。

「おい、いま、勤務中だぞ、遊びできとるんなら、帰れ」

言われた若者の方も、居眠りするくらいだから、相当な者だったのだろう。

「おまえに言われる筋合いはない。俺は眠たくなったから眠っただけで、誰にも迷惑かけちゃあおらん。

上から目線で、えらそうに言うな、ジジイ」

と、そのまま辞めて帰ってしまった。

その一部始終を見ていたネットフェンスの下の、意味不明においてある瓦が、ネットフェンスに近づいてきたおじさんに言った。

「あの若者が怒って帰った原因は、あんたにある。心の中がいろんな感情で渦巻いていながら叱った。〈この野郎、オレの目の前で居眠りするとは、オヤジと思ってオレ様をバカにしとんな〉とか〈こんなグータレを社会の中に野放しにしておいてはいけない〉とか思いながら言葉を吐いた」

おじさんの方はオレの怒りは当然で、世間をなめた態度の若者の方が悪いに決まっていると思っている。

「じゃあ、どうすりゃあええんだ。言ってみろ」

「まずわたしのように瓦になることです」

「ハア? 意味わからん」

「つまり自分を捨てるのです」

「ますますわからん」

「わたしは、踏まれても怒ったりしません。恨んだりしません。そもそも何も思っていません。つまり〈無我無心〉なのです。だから顔にも何もでませんでしょう。また相手を自分好みに変えてやろうという意図もないです。

こんな無私で純粋な幼児のような心のわたしが言えば、若者も、あんな極端な反応は、しなかったでしょう。むしろ素直に聞いてくれたかも知れません。でも、あなたを見てもわかるように雑念なく、無心にして邪気無しに叱るというのは、実は難しいことです。

聖人は、できます。聖人は常に『道』と一体となっていて、大人でありながら幼児のごとく邪気なく無心に事に対処できます。それゆえその身に災禍が訪れるということはありません。

ちょっとずれるけど、人治国家だと、民はたびたび暴動を起こします。しかし法治国家だと、だいたいの民は、裁かれてもあきらめます。これは瓦から悟った人間が、瓦の属性を利用して、法というものを作ったのでしょう」

※注意報…おじさんは、正義の衣をかぶって人を攻撃することがあります。

失ったところだけ見ない

翌日おじさんがプールに行くと、やはりあの若者はきていなかった。交感神経優位血圧上昇おじさんは、また怒りがわいてきた。誰にも迷惑をかけていないだと、クソッ。

「あの野郎、俺に自分の分まで仕事させやがって。時給はなんだ、そのままじゃあないか。俺の人生は、なぜこうも損ばかりするようになってるんだ。今日という今この時ぐらい、黙っていないでマネージャーに抗議せねば」

とつぶやいていた。その口の動きから、おじさんの言っていることを知った瓦は、おじさんの方に、波動で自分の声を送った。

「おいおいおじさんよ。またまた是非判別かよ。そんなことでは、長生きしないよ。きっとあんたは、ほかのことでも、同じように怒っているだろうから」

おじさんは、まっすぐ瓦を見据えると、つかつかと瓦に歩み寄っていった。

「あんた、ワシに、損してばかりでも、黙っていろと言うのか」

瓦は、笑いながら言う。

「あんね。わたしなら、ああありがたい、有難い、つまりこんなお恵(めぐみ)はめったにない。あの若者が、休んでくれたから、わたしは今日は、倍仕事をさせてもらえる。汗も二倍流させてもらって健康にもなる。またこんな貴重な経験は二度とできない。一人で監視する方策を見いだし、能力を身につけることができるとね。南無観世音菩薩、ナムカンゼオンボサツ、あの若者は、もしかして、観音様の化身か。人を叱るときの方法、つまり心のあり方を瓦さんから学ばせてもらい、さらにプール監視の技能を上げることまでできた。ナムカンゼオンボサツ、ナムカンゼオンボサツ、とね」

おじさんは言った。

「ゲッ、おまえはくるくるくるっとる、このヤセコケ瓦が、もういい」と。

お客がまだ誰も来ていないのをいいことに管理事務所にいるマネージャーのところに向かっていった。

その後ろ姿を追いながら、瓦はため息をついた。

「『損は、得のもと』というわたしの天知る地知る名言を知らんのか。損しまい、損しまいと、ついに大損してしまう、人、ヒト、ひと。今日一日一人で、もくもくとがんばれば、評価も上がり、勤務時間も増え、来年も必要とされたりしてくるのに、あれじゃあ、逆じゃ」

第五章　我おもわぬ故に我あり

枠の中で生きる幸せを学ぶ章

オオバコのしなやかでたくましい生き方

「愛己（あいき）」＝「己を愛す」とは、選択することではなしに、与えられたもので、不足を感じず豊かに暮らすこと。

「**其（そ）の居（お）る所を狭（せま）しとする無く**」＝今、生活している空間を、狭いと不平を言うことなく、「**其の生（い）くる所を厭（いと）ふこと無し**」＝自分のなりわい、自分の今の仕事をつまらないと思ったりせずに、「**夫（そ）れ唯（ただ）厭はず、是（ここ）を以て厭はれず**」＝ただ目の前にあることに無差別に心を開いて、つまり虚心になって対処する。そうすれば相手が鉄であろうと石であろうと人であろうと、困難な仕事であろうと、きっと心を開いてあなたのためにその神秘を見せてくれる。と同時にその結果、自分を成功させるように、世界が変化してゆくこともある。

（参考／『新釈漢文大系・老子』愛己第七十二）

※　※　※

オオバコ（車前草（しゃぜんそう）→荘子が使っていた名）

一匹のタヌキが、大きな猫に追いかけられていた時、土の林道に沿って生えているオオバコを踏んでしまい、滑って転んで足首を捻挫した。

猫が去っていった後、タヌキは、草むらの中から戻ってきて、足下のオオバコに言った。

「おまえは馬鹿か、馬鹿でしかないだろう、こんな車の通る固い土の道を選んでわざわざ生活の場所にしてるんだからな。でもな、そのおまえの超絶無慈悲な馬鹿度のせいで俺様は、こんなところで転んでしまった。なんとか言ってみろ。馬鹿でないとしたら、おまえエムだろ、草のくせに変態とか？車輪に踏まれて喜んでるとか、ハア！ありえん！草エム！

とにかく、おまえのその学習能力のない脳味噌から出てくる話が、もっともなら、ここでするタヌキのタメ糞をやめてやる。なんとか言ってみろ」

オオバコは、上から見下ろして啖呵を切っているタヌキに言った。

「あなた様のそのなんでも他人の所為にするところが、タヌキが、いつまでも世界の笑い者になっている原因なんですよ。かくのごとくの依存体質のあなたは、かくしていつまでも人間のおこぼれにあずかろうとする、自立しないタヌキのタヌキたるＤＮＡ保持者となってしまっているのです」

タヌキは、首をかしげ、オオバコを見下すようにして言った。

「あん、なんだと、つまりこの俺様が依存症で、現実が悲惨だから、相手を加害者にして被害妄想しないと生きていけないタヌキだとかぬかしとんのか、あん、ウンコしてやろうか」

オオバコは、そんな脅しを無視して言う。

「わたしを見なさい。わたしはわたし達は、高く伸びる能力がないため、あの道端の草むらでは日に当たらず、ほかの草に負けて生きてゆけないのです。だからこうして、ほかの草のいない道の真ん中や車輪が踏む道で生きるしかなくなったんです。

あなたのようにわたしは移動できません。一度ここを選んだらここで生きてゆくしかないのです。だけどわたし達は不平も不満も言いませんでした。この神様から与えられた地で、生きてゆくことを受け入れ、たくましくしなやかに、そして楽しく生きていくことをお天道様に誓ったのです。やがて踏まれても踏まれても、また踏まれても、踏まれれば踏まれるほど、たくましく強く育ってゆく性質を身につけることができました。

葉は、冬にはロゼット状（タンポポのように、扁平な葉が地面に放射状についている状態）に広がって寒さを防ぎ、また根はもじゃもじゃっとして細く長く四方に伸び、人間どもが邪魔にして抜き取ろうとしても抜き取れない能力も身につけました。このような能力を身につけたわたし達は、今では人間から尊敬されたりもします。

子ども達は、わたし達の丈夫な茎を引っ掛けあって引っ張りっこをして遊びます。

また厳しい環境に適応したわたし達は、薬草として、腫れものや傷の治療、咳や下痢止めにも使われ、人間から尊敬の目で見られます。

それにひきかえ、あんたは一体なんなんですか。そんな窃視（せっし）するような目になっておどおどと生きている。人にも猫にも馬鹿にされる。

自分を大切にしてないんです。自分を大切にするとは、境遇から逃げずごまかさず、与えられた枠（わく）の中で精一杯生きることです。一時の楽ちんに、逃げ込まないことです。

失敗したらまず自分に原因を求めましょう。他人の所為にしていたら自分は直さなくていいからね。その時は楽ちんでいいでしょう。だけど弱い欠陥品のままですから。

もっと自立し強くなりなさい。強くなりなさいと言っても喧嘩に強くなりんさいというちょるんではありません。運命から逃げるなと言っているのです。わたしに足がなかったのは幸いでした。ここで踏みとどまって生きるしかなくなって、必死にがんばったら天がわたし達を助けてくれたのです。そしてわたし達に自立して生きる能力を授けてくださったのです」

タヌキは、オオバコの長い話を聞き終わると、うなだれて草むらの中へと消えていった。

「世人は心の肯うところをもって楽しみとなし、かえって楽心に引かれて苦処にあり。達士は心の払るところをもって楽しみとなし、ついに苦心のために楽を換え得来たる」（『菜根譚』前集二百四）

※心の払る…気に入らない状況。不便な状態

多くの人は、便利な生活と楽しみを求め、楽な生活を良しとするけれども、かえってそれは苦を産む。

一方、達人は、気に入らないことや苦労しそうなこと、ハンデをむしろ天恵とし、がんばってやがて楽しみに変えてゆく。

茶摘みをしていると、メマトイがまつ毛にからみつく。この運命の悲惨さに逆上したわたしは、前後忘れメマトイを手と顔の間につぶしてやろうと、右の手で思い切りかまわず自分の顔をしばく。メマトイは逃げて、被害を被ったのは、わたしの鼻だった。しばかれたわたしの鼻は、誰に文句を言うこともできず、わたしは涙と鼻水で泣き面に蜂状態となる。しかしここでメマトイを恨んでは、菜根譚の達士のようにはなれないのだった。

自立には「人生の選択を自分でする」と「与えられた場で自分の生を花咲かす」と、二つある

「**われは服するをもって服するあるにあらず**」(『中国の思想・荘子』外篇、天道)

わたしは自然に無抵抗でいるので、意識的に無抵抗でいるわけではない。

何か箍(たが)があっても、その中で自分を生かしていける素直でしなやかな心を持っている人のこと。琴などの弦楽器は、箍があってこそ、美しい音色が出せる。箍を破るタイプの西欧的自由もあるけど、逆の自由と自立もある。

「**それ聖人は鶉居(じゅんきょ)して鷇食(こうしょく)し、鳥行(ちょうこう)して彰(あら)わるるなし**」(『中国の思想・荘子』外篇、天地)

聖人は、鶉(うずら)のように場所を選ばずに生活し、ひな鳥のように与えられたものをくらい、空飛ぶ鳥のように足跡をとどめない。

聖人は、与えられた場所で自然に生きるだけ。自分がどういう人間だなどと、世に示そうとしたりしない。これも立派な自立した生き方。

「自立」について、逆の見方をしてみると

㈠誰の世話にもならず生きるとして、家を持ち、田畑を持って生活していても、自立しているとはいえ

ない。むしろ頼る時には人に頼り、感謝して生きていく人の方が、自立していたりする。

㈡運動種目の一つを努力精進し、一流と言われる人。称賛は惜しまないが、その人が自立している人かどうかは、わからない。むしろ玉拾いでも、嬉々として汗をかいているゴルフ練習場のおばさんの方が、自立していたりする。

㈢女性キャリアウーマン。この種族の人達も、必ずしも自立しているとは言えない。

『啓かれゆく女性』（ナタリー・ロジャース著・創元社）＝「エマージングウーマン」という本がある。彼女は立派な社会人である夫を持ち三人の娘がいる。また彼女自身も大学を出た才気ある女性であった。しかし彼女は、自分は自立していないと思っていた。わたしがわたしであるために、わたしらしく生きるべきだといって、経済的にも自立すべきといって、夫と別れた。そうして自分のやりたいことをやる人生を選んだ。

今日本でも、結婚せずにキャリアを積む女性は多い。また結婚していても、社会に出てキャリアを積み男の前を行く女性は多い。だけども、その光景を見て、一様に自立している女性とするのは、間違っている。

ならば江戸時代の夫につき従う女性は、自立していなかったのか。ドラマで知る会津の女性達は自立していなかったのか。そうではないはずである。当時、男は女を見下していたのだろうか、そうではないような気がする。

考えてみると自立には、人生の選択を自分でして生きていく姿と、与えられた人生の場で、環境の中で自分の生を開花させていく姿と、二つある。

一休和尚さんの詩に次のようなのがある。

「白露の己が姿をそのままに紅葉に置けば紅の玉」
白露は、ありのままの自分でいながら、紅葉の上では、紅い露となっている。

相手に合わせて生きていくけど、自分を失っているわけではない。むしろ逆に自分を生かしている。きれいに染めている。これがかつての日本女性の素晴らしい生き方で、欧米型の自立した女性像のみを、輝く女性とするのは本当に間違っている。国連が、日本女性の人権がどうのこうのと言ってきているらしいけど、間違っているのは、世界の方だと言いたい。

より高い自分を求めることや、またそうして多くを手にすることが必ずしも自由で自立した人生ではない。

時の流れに身をまかせ、あなたの色に染められる

境遇に合わせて無心に生きていくことを「天」といい、そのような人を「天」に助けられる人という。

「時の流れに身をまかせ、あなたの色に染められ」というテレサ・テンさんの唄のように、昭和の時代には、まだこのような女性が多くいた。

夫につき従うことが、すなわち消極的で能力がない時代おくれの人間のすることであると考えるのは、間違っている。むしろ自由で勇気ある生き方のような気がする。

「女性が輝く男女平等社会」なんてのは、これまでの日本の素晴らしい大和撫子の生き方を否定し、文化を消してしまう。しなやかで強い日本の女性達のおかげで、今の日本がある。

「無為にして之(これ)を為すを之れ天と謂(い)ふ」（『新釈漢文大系・荘子』外篇、天地）

「無為」とは自我のない行為であり、「自我のない行為を天」という。

自我のないとは、幼児のような心、とらわれのない心。なでしこの花のように不平不満不幸を思わず、置かれたところで境遇に合わせて無心に生きていくことを「天」という。

無為無心に生を為すものは、天の助けを得られ、災禍を受けることはない。

もしも荘子と『人形の家』のノラが道で出会ったなら

※荘子は、紀元前四世紀後半から三世紀初めにかけての人とされる中国の思想家。道教の始祖の一人とされている。「無為」を最良とする。
※ノラは、弁護士ヘルメルの妻で、三人の子どもの母親。召使いをかかえ何不自由なく暮らしていた。（一八七九年イプセン作『人形の家』）

夏の終わり。

杖を手に呆けた表情の老人を、朝日がやさしく撫でていた。道端に立っている老人は、まだ目覚めてないかのようであった。

そこを馬車に乗ったノラが通りかかった。ノラは、いつものように美しく快活で聡明であった。だが、彼女ノラは、たった今、夫ヘルメルと別れ家を出てきたばかりだった。

ノラ「おや、東洋の方とおぼしきご老人、こんなところで一人で何をしてらっしゃるの」

ノラは馬車の客車の窓から荘子に声をかけた。

荘子「いやね、あの野菊の花（ヨメナ）がいとおしくてね。仲間のいないところでも、種が落ちたところで咲いている。咲いてすこやかな薄紫色の顔をわたしに見せてくれている」

ノラ「まあ、きれいな花ですこと。わたしね、今夫と別れてきたばっかりですの。わたしもきっとこれから落ちて着いた先で、こんなきれいな花を咲かせて見せますわ」

荘子「いや、今のあなたには無理でしょう。善悪分別の心を持ち、えり好みのネタを抱えているあなたには、ね」

ノラ「だってね、あなたご老人、あなたはわたしの事情を御存知ないからそんなことをおっしゃれるのよ。でなければ、あなたもきっと夫のように、わからずやなのね。社会的地位や名誉や常識が大事な古臭い人なのね。夫はわたしを愛してくれました。夫なりのやり方でね。まるで、ペットか人形のようにね。わたしは、ペットでも人形でもないわ。ようやくそのことがわかったの。これからわたしは、わたしがわたしであるための人生の旅に出るの。本当の自分を見つける旅にね」

荘子「いやはや、このごろ欧米でも日本でも流行っている『自分探し』というヤツですね。たぶん自我あるあなたは新天地でも分別をはたらかせ、えり好みをするでしょう。あなたはこの野菊の花のようにはなれないでしょう」

ノラ「まあ、籠の中ででも、花を咲かせろというのですか。夫から水やりされてお気に入りの花を咲かせても、それはわたしではありませんわ」

荘子「あっ、あなたはそのような籠の中のペットのような生活から、自分を取り戻すために家を出られたんですよね。だけど、籠の中の実際の鳥は、籠の中でも十分に自由を謳歌していますよ。ときどき部屋の中に出してもらって御主人の肩にとまったりして。

ではです、申し上げます。質問しますです。

一体あなたは、他人である夫のせいで不自由だったんですかね。夫のせいで、人形になっていたのですか。あなたはきっと別の場所でも、自由を制約する何かを見つけて、そのせいで不自由だと感じるでしょう。自分の自由は、他人や環境の所為でしょうから、そして新天地もまわりの所為にして逃げるのです。自分が自分であるために、と言ってね」

（注）夫がＤＶなら逃げたほうがいいと思います。

（注）家を出て行こうとするノラにヘルメルは、二人の間にできた溝は埋められないだろうかとも、「わたしは自分をすっかり変えることもできるよ」とも言っている。（理屈を言えば）身勝手な愛し方をする夫ではあった。

大事なことは自然の「大道」に一体化することです。「一（いち）」すなわち「道」と一体となって生きることです。道と一体となるとは、自分の置かれた境遇に安住することであり、すべてを自然に任せることです。よくその境遇に順じ、自分を主張せず自然のなりゆきに任せて、自分を生かしてゆくということです。「落ちたところで咲く」ということです。

「行（ゆ）きて之（ゆ）く所を知らず、居（お）りて為す所を知らず」

どこに向かっているのかそんなことは知らなくても良い、そこで自分は何をすべきかなど考えなくて良い。

「物と委蛇（いい）して其（そ）の波を同じくす」

湖の波間に漂う小船のように、波に任せ、波と波長を合わせて生きていく。自分がどうするかなど思わない。

（参考／講談社学術文庫『荘子下』雑篇・庚桑楚（こうそうそ））

このような生き方を「衛生の法」と言い、生命を守り、人生をしなやかにたくましく、楽しく生きる方法であると。

無情のものに学ぶ愛のありかた＝無情説法

愛とは、例えば自分の子どもを愛するということ。しかし愛には、より大きな愛、無差別な愛がある。この愛が自分を救うこともある。

「**大仁は仁ならず**」（『中国の思想・荘子』斉物論）
広く深い愛は、愛のようには見えない。真の愛は、愛するという意識をともなわない。
※大仁＝広く深い愛、真の愛。
※仁＝日常、わたし達が、言う愛。愛情、渇愛、愛欲。
「**仁は常なれば成らず**」（『中国の思想・荘子』斉物論）
「愛は、特定の対象に向けられた時、愛ではなくなる」
※常ならば＝特定の対象に向かうならば。
ある大学の先生が、かわいい女学生のためにと、司法試験の問題を教える。この大学の先生には、愛そのものがなかったということです。

※　　※　　※

与太郎さんのところに豚子という名の豚がいた。豚子は八頭の子豚を産んだ。ある日与太郎が小屋を見てみると、子豚達の中に混じって二匹の子猫が豚子の乳を吸っていた。

やがてその様子が動画アップされ、百万回のアクセスを記録し、世界中に知られることとなった。やがて豚子は、名誉村民となり、老いても肉になることなく天寿をまっとうさせてもらい、今では役所前に銅像が立つ。

豚子さんの生前。ある時、都会的な服装の女性三人のグループが与太郎さんのところの豚子を見にやってきた。その中の三十代と思われるふくよかで優しそうな女性が、豚子さんの乳に吸いついている子豚や子猫を見つめながら、隣の長身の女性に子育ての悩みを打ち明けていた。

三人の子がいるのだが、小学五年生の長男が、先妻の子で愛情が湧かず、うまく育てられないと愚痴をこぼしていた。その女が見ているさきでは、豚子さんが、自分の乳を吸っているのが誰か確認することもなく、ただ茫漠（ぼうばく）として涎（よだれ）をたらしながら夢見ごこちにうたたねしている。不意に女性は、豚子に語りかけていた。

「ねえ、豚子さん、どうしたらそんなに分けへだてなく赤ちゃんを育てられるの？」

すると豚小屋に彼女達を案内し付いてきていた与太郎さんが、しゃがみ込み豚子の耳元で何かささやいた。すると豚子は、全身を一、二度ブルッと震わせた。与太郎さんが、自分の耳を豚子の口元に持っていってフンフンと頷（うなず）いている。与太郎さんは立ちあがると、何かなぞなぞの正解でもつかんだかのような顔つきになっていて、人語日本語をしゃべった。

「あのさあ、あんまり考えるなって、言ってるべ。ワタシは馬鹿だから、子豚と子猫の区別がつかんのです、だとよ、ハハハハハハ……」

与太郎さんは大まじめに、歯のかけた口を開いて笑った。女達も一緒に笑った。だけど相談したふくよかな女の唇はまだ歪んでいる。

「でもバカになるってむつかしそう」

「そうだべ、それだけ天に近くなるということだからだべ。自分と他人、分別の境界がなくなっちまうってことだべ。そうなりゃあなんだべ、この豚子のように毎日が天国だべ。だども人間には無理だべ。だけんども近づくことはできんべ」

与太郎は、妙に真剣な顔つきになり、強い目で女を見つめてそう言った。女は不意に目から大粒の涙をこぼしてしまう。

その時、豚子が自分の短い尻尾をフレフレと数回振った。与太郎さんはそれを見て、「わかった、わかった」とポケットからメモ帳と鉛筆を取り出して、また豚子の口元に耳を寄せた。フンフンと頷きながら何かメモしている。

メモには、こう書いてあった。

＊先妻の子も自分の子もたまたま近くにいたから育てることになったと思う。

＊自分の子だけ救われるように考えて自分の子が救われる道理はない。

（理由について言いにくいが、あえて言うと、自分の子と他人の子という二者は常に関係性の中に存在する。また、自分の子だけという親の執着は、子に伝染(うつ)り、子も苦を生む存在として生きるようになる）

「無為の家の作法（＝出家の作法）は、恩を（報ずるに）一人に限らず、一切衆生斉しく父母の恩のごとく深しと思ふて、作す所の善根を法界（＝全世界）にめぐらす。別して（＝よその父母を別にして）今生一世の父母に限らず（＝自分の父母のみを愛するようなことをしてはならない）。是れ則ち無為の道に背かざるなり」

『正法眼蔵随聞記』〈道元の弟子、懐奘の記〉・筑摩書房

わが子だけとする知による分断は、執着を生み豚子のような無為の生き方をしないこととなり、自業自得自縄自縛の人生を歩むこととなる。執着は埃となり、視界を曇らせる。

すると女は突然、

「ああわたしは、もう少しで大きな過ちを犯すところでした。このままだと、一生わたしは、不幸な人生を送ってしまうところでした」

と、その場に膝をつきうち伏し、豚子に頭を下げたのだった。

与太郎は、女の肩にそっと手を置いて言った。

「あんな、豚子はわしらから見たら余分な災いである子猫二匹を、水のごとく引き受けたんだべ。でもよ、その災いは、豚子の天性によっていつしか大福に転じたんだべ。あんたのために、きっと神さんが、その長男を授けてくれはったんちがいまっか」

「自然におけるあらゆる現象や宇宙に存在する一切のもの、すなわち森羅万象がすべて法（真理）を説いているが、この無情の存在の説法を私たち人間が聞きたいと思うなら、聞く側の者も人間的な合理的・相対的な考えを捨てて、無情のこころにならなければ、無情のものが説く説法を聞きわけることは出来ないであろう――」

（『道元』松原泰道著・アートデイズ）

無情とは、自分を意識しなくなっている状態。そういうとき無情のものとの回線の接続がある。

※無情……仏教では石などを無情とする。

おまかせの人に天の恵は降りてくる

義彦が見下ろす視界には、山々の嶺と尾根が広がり、雲の地平が浮かんでいた。カイラス山のふもとの村を出発して十日後、ようやくカイラスの頂上に立っていた。

三人、義彦と彼のお婆さんのトウマと、トウマを背負って山を登ってきた金剛力士は、洞窟の前でしばらく休むと、目の前の暗い穴の中に入っていきました。数分ほど穴の中を進むと、暗い通路の前方に、何かが光の粉末を振りまきながら飛びまわっています。淡い光を放つ金の台座の上を、一匹の蝶が、濃いバイオレット色の鱗粉を振りまきながら飛びまわっているのです。それは世界一美しいと言われているモルフォ蝶です。カイラスに住むそのただ一匹の蝶が、人の体にとまれば、その者は幸福を手に入れられるという伝説の蝶です。義彦は、この蝶に会いに来たのでした。もちろんできれば、蝶が義彦の体にとまることを期待していました。

三人は、蝶から少し離れた所に座り、寺の住職に教わった般若心経を称えたり、ひたすら南無釈迦牟尼仏（意味は「なむ」が、おまかせします。つまりお釈迦様を信じてすべておまかせします、という意味）と繰り返し称えました。そうしてモルフォ蝶が、自分のところにやってくるのを待ったのです。

一日目も、二日目も、天の蝶モルフォ蝶は、誰にも近寄ってきません。しかし七日目、義彦のやや後ろで、背を曲げ亀のようにしゃがみ込んで、両手を合わせ小さく体をゆすって何か文句をぶつぶつと称えていたトウマ婆さんのやせた肩に蝶がとまったのです。トウマ婆さんは、耳も遠く目もうつろで、もう何かを考える力もありませんでした。ただ義彦が、お婆さんを一人おいておくのが心配だというので、義彦を信じてついてきたのでした。

義彦が、背中の方向に光を感じて振り向いたときにも、蝶はまだお婆さんの肩にとまって鱗粉を振りまいていました。義彦が、自分にもとまるようにと、思わず体を僅かにずらしたその時、蝶の青い影は光の輪だけを残して闇に消えてしまったのです。光の輪もやがて天井の闇に消えてしまいました。

※　※　※

Aの女とBの女の話

Aの女の話

東北地方のある山村の話。弥生は七人兄弟姉妹の三女です。十歳で奉公に出され、二十三歳で奉公先の世話で、岩手の山奥で小百姓をしていた松吉の嫁としてもらわれました。松吉には、母親と弟と先妻の子二人がいました。やがて自分の子も三人生まれました。

弥生が、当時遊郭に売られなかったのは、色が黒く顔立ちも人並み以下だったからです。学校にも行かなかったので、読み書きもできず、自分の名前も人に書いてもらうくらいです。ただ、ひたすら働く女だったのです。

荘子が、ある時、雲に乗って旅をしていたら、山の上のほうの畑で、老婆（弥生）が尺とり虫のように体を折り曲げ、ジャガイモを植えていたので、畑に降りていって老婆に声をかけました。すると老婆は、警戒することもなく、すぐに顔をくしゃくしゃにして笑顔になり、

「おらーまー、なんと、ええ日でごぜんす」

と作業をやめて、荘子を無心な心でまともに見るので、荘子は、その場にひれ伏して言った。

「一体、あなた様は、日本のどのようなお方なのですか。わたしはあなた様のような自由無碍な方を未だ知りません。どうかお教えくださいい、いったいどうすれば、あなたのようにとらわれのない自由な境地に至るのでしょうか。ああ幸深き人よ」

老婆には何のことか一向にわからなかったようで、しばらく返事に窮していたが、とにかく何か聞いている様子なので、口を動かすことにした。

「おらにゃあ、あんた、はあ自由とか自由でないとか、幸せとか、馬鹿ですけえ、わげがわかんねーす。ただこうやってやれることをやっとるだけだべ。ワシらのころは、みな、こうやって生きるんがあたりまえだったでねんす」

と青い空の下で、けらけら笑った。

Bの女の話

凛花は、昭和四十年代の生まれである。彼女の理想は、まず男に負けない仕事をし、理想の夫をもらいりっぱな家庭を構築し、人生を完全に演出することであった。彼女は、学生のころに、『啓かれゆく女性』（ナタリー・ロジャース著）を読み、ますますその気持ちを強くしていった。

美しく才能豊かな凛花には、人生の選択肢はいくつもあった。

ミスコンに出て、準ミスになった。英語とフランス語を習っていたが、もっと実力をつけたくなり、大学を出るとすぐに、準ミスで稼いだ金で、フランスに一年、イギリスに二年留学した。日本に帰ると、大学院に入った。就職は商社か外交官かテレビ局か迷ったが、テレビ局にアナウンサーとして入局した。

その時、二十七歳だった。ニュースの解説をしていると政治経済に関心を持つようになり、経済学も学んだ。ちょうどそんな時、友人と見にいったオペラに魅了され、オペラ歌手になりたいと思うようになり、三十三歳の時、テレビ局を辞め、フリーのアナウンサーになった。そして本格的にオペラを始めるために師について学び、一年後に東京芸大に入学した。

このころ、彼女に、何人かの男達が、言いよってきていた。スポーツ選手、タレント、官僚、医者など。いつかは結婚するつもりで、その中から三人選んでつき合っている。だが今はまだ、アナウンサーとオペラの方が彼女を必要としていた。

数日後、凛花の住む都内のマンションの玄関で、彼女とすれちがった男がいた。

荘子だった。荘子は、彼女の紫色のスーツの背中が足早にエントランスの中に消えてゆくのを見ながら、涙を流した。

「人生に必要だと思えるものを捨ててしまった人と、人生に必要だと思うものをすべて手に入れようとしている人物と、いったいどっちがどうだというのか、嗚呼」と。

> 「人間の欲も、限りなく小さな私のアアシタイコウシタイのタイの思いの満足の方向へのみ増幅させてゆくと、ゆきつく先は破滅ということになろう」
>
> （『般若心経ものがたり』青山俊董著）

第六章　ブ男、哀駘它（あいたいた）はなぜもてる

外見ではなく、本質を見抜くための章

ブ男、哀駘它はなぜもてる

「哀駘它（它）」とは、「湾曲した背中に瘤のある小男」のこと。『衛に悪人有り』（衛の国に比べる者のないほど容貌の醜い男がいた。「亜」は「背の湾曲した形を表わす象形文字」）（『新釈漢文大系・荘子』内篇、徳充符より）

足切りの刑のため片足になった「王駘」も、醜悪な容貌の「哀駘它」も、ともに外形は不完全であるのに、人々を惹きつけてやまない。

【それは一体なぜなのか】

「物には其の一なる所を視て、其の喪う所を見ず。其の足を喪うを視ること、猶お土を遺つるがごときなり」（講談社学術文庫『荘子上』内篇、徳充符）

万物はその存在自体、可は不可であり、不可は可の存在。万物を見るとき、全体を見て、その失う所を見ない。それゆえ、王駘は足の一本くらい失っても土塊を落としたくらいにしか思わず、むしろその利点に目を向けて生きている。

「知がわかつすべてのものを同一」とみて、どんな事象にめぐりあわせようと、それを自己の運命として楽しんでゆく。（参考／『中国の思想・荘子』徳充符）

人々は、その生き方に癒され、生きる希望の匂いに、惹かれてしまうのです。

また「**人は流水に鑑みる莫くして、止水に鑑みる。唯だ止まれるもののみ能く衆くの止まらんとするを止む**」とある。人は流水に自己を映そうとはしない。ただ静かなるもののみ、多くの迷える者を惹きつける。王駘は、真理を知る者であり、物（変化）に左右されない心の持ち主。

哀駘它と王駘、二人の静止した水のようなたたずまいに、心惹かれてしまう。静かに澄んだ水面にのみ、人は自分を映そうとして集まる。とらわれのない二人の心に、来た人は心安らぎ、本当の自分のありかたを映し出された気がして、満足して帰る。

このことを考えるヒントになる「詩」があるので紹介しよう。

「風鈴の頌」（天童山景徳寺、如浄禅師の詩）

渾身口に似て虚空に掛かる
東西南北の風を問わず
一等佗が為に般若を談ず
テイチントンリャン　テイチントントン

※渾身＝全身　※一等＝等しく　※般若＝人生の智慧

風鈴は、相手が何物でも、この世の善悪など思わず、差別せずに応ずる。その空の心が風鈴の音のようにさわやかに相手の心に伝わる。その時、今まで味わったことのない不思議なやすらぎを感じる。差別され傷ついた人の心が癒され、そして生きる力と智慧を授けてもらう。

（参考／『道元禅師・今を生きることば』青山俊董著）

来た人は、哀駘它や王駘に、名を呼んでもらったり、「そうだよねえ」と言ってもらうだけで、元気になり、またがんばろうとするようになる。

【さらに、威厳のある風貌と名声を備えた孔子とその弟子の会話をもとに、もっとくわしく外形不全な、王駘のもてる秘密を覗いてみましょう】


「魯に兀者王駘有り」＝魯という国に、罪人として片足を切られた王駘という者がいた。

「之に従ひて遊ぶ者」＝この男に学ぶ（遊ぶは、学ぶ）者は、

「仲尼（孔子）と相若く」＝孔子と門弟の数が同じであった。（参考／『新釈漢文大系・荘子』内篇、徳充符）

弟子が、賢者について孔子に尋ねた。

「先生、この世で賢き者とは、経済学者のように人間心理と数値をもとにして、経済をよくする手法を指南する者でしょうか」

「否なり。これらはみなただの知者なり。目の前の損得是非だけの知者なり。道端の石の下で死肉をあさるシデムシより劣るであろう。彼らは大地を養い天地を救っている」

弟子がまた孔子に尋ねた。

「先生、では、民の生活を良くし民を救おうとしている大臣や議員などの政治家は、いかがでしょうか。わたしもできれば、あんなにして民のための意見を言ってみたいものです」

「否。あれらはたいてい自らの無知を知らず、自らを賢者と思っている者達である。クサギカメムシの方が、よほど人に無害である」

　弟子は、さらに問う。

「先生、それでは学校の先生や寺の坊さんはどうでしょう」

「否じゃ。ある誠実な教師達、ある教師は、自ら書を読まず、ただ分数の計算の仕方を教えたり、割り算のノートのとらせ方のみに習熟しておる。『レンガ色は、赤と黄色でオレンジ色を作り、黒を少し混ぜる』だとか、『子どもを授業に最初にのせるには、どのような声かけが良いか』などといったことばかり研修しておる。知をはたらかせ技巧を用いることだけが大切なことだと勘違いしておる。
あの兀者王駘のごとく、『教えもせず、議論もしないのに、からの頭で行った門弟達が、帰りには頭をいっぱいにして』（新釈漢文大系）帰るような指導ができる者は、いない」

　弟子は、さらに孔子に問う。「哀駘它」について詳しく聞きたかったのだ。

「先生、ではつまりどのような者が、真に賢き者なのでしょう。もう少し例をあげてお教えください」

「中国の衛の国に、哀駘它という者が住んでおる。男は、顔が世界一醜く、背が低くかつ曲がり、その背には大きな瘤があった。**顎が膝につくようにして歩く男だが、いつもにこやかにしておる。男には、不幸なものは見えないのだ。だからいつも幸せの波動を発しており、それに共鳴した世界から幸せを引き寄せている。彼は天恵を受ける資格を持つ者であり、思考し望めば、天が良きことを運んできてくれる。**
炭焼きをし、農家の不用な藁（わら）を集めて筵（むしろ）をない、店で売ってもらって生計を立てている。縄も、何十メートルの物を作って売っている。これで老いた母親と亡くした妻の残した七人の子を養っている。

彼は何も特に言わないが、なぜか彼の後添えになりたいと願う者は、五つの村の二十七人の娘の内、二十一人いた。残りの六人は、妾で良いと言っている。

主婦も含む多くの女達は、哀駘它から声をかけてもらえなくても、哀駘它の家族の世話をしたりして、哀駘它の姿を遠くから見るだけで心が満たされて帰っていくのだった。だから哀駘它は、何不自由ない生活をしている。

だからと言って、あのその男が、先頭に立って何かしようとしたことはない。いつも人の調子に合わせているだけである。高い位もなく、人の腹を満たす財産もない。知識は身の回りのことくらいしかないらしい。しかし男も女も一度でも、彼に触れると離れられなくなってしまう」

弟子曰く。

「それが孔子先生の言われる賢者なのですね。しかし不思議です。なぜかくのごとくにもてるのでしょうか」

孔子曰く。

「あの風鈴を見てみよ。何も思わず何も語らず、ただ右や左の風にゆらいで風の音をチリ・チリーンと鳴らすだけだ。されども人は、親しく寄っていく。寄って行って眺めて、涼しくないのに涼しいと感じ、心地よいと感じて、心が落ち着く。何も語ることなく、生きる希望を授けてくれる。

哀駘它という器は、愛と豊かさの天のエネルギーを授かるようになっていて、人々は知らずその天のエネルギーに触れていたのだ」

ブサ猫、哀駘它は、なぜもてる

――ある町に、哀駘它という名の野良猫がいた――

人々は親しみを込めて、ブサニャンと呼んだりする。

町の小さな駅に、哀駘它はある時から住むようになった。

とにかく一度見たら忘れられないほどのブサいサビ猫で、鼻の回りは墨を塗ったように黒く、左の目はつぶれかけており、右の額から目の回りにかけて黒いシールを貼ったような顔をしていた。また、特に人なつこくもなく、無愛想であった。

改札口の改札機の上に、でっぱらをくっつけてボォーッとしていることがよくあり、通りかかった人が体を撫でていくが、なんじゃこいつはという感じもなく、ただ無頓着にしている。するといったらあくびくらいである。

だけど町の人も、駅長さんも、なぜかこのブサ猫哀駘它に惹かれていくのだった。駅の売店のおばさんも、哀駘它を抱きしめ頬ずりをし、駅員さんも哀駘它を、毎朝一回見に行って、というより拝みに行って、にこっとし、今日も一日仕事をがんばるぞという気分になるのだった。勉強に疲れた塾帰りの高校生の女の子も、改札を通る時に、「哀駘它ちゃーん、あいたかったー、またあしたねー」と言って、半寝状態の哀駘它の顔に自分の顔を寄せて、その虚ろな目の前で、手を振るのだった。彼女は、その瞬間受験の苦しみを忘れていた。そしてまた気力を充実させて一歩を踏み出していくのだった。

ユーチューブにこの哀駘它の動画がアップされると、それから大変なことになった。

東京から若い女性が、一人でまたは集団で、哀駘它に会いに来るようになった。ある時ある客が、電車に乗っている旅行者らしい一人の女性に、どこから来て、どこに行くのか、と尋ねた。すると彼女は、香港からきて、今からあの哀駘它に会いに行くのだと言った。アメリカからも、ロンドンからも金髪のうら若い女達が、ただ哀駘它に会うためにだけやってくるようになった。青い目をした若い女優は、哀駘它を見て泣きだした。そして撫でさせてもらうと、売店のおばさんの特別サービスで抱かせてもらった。そしてこう言ったのだ。

「わたしは、この哀駘它さんのお嫁さんになります。どうかいまわたし達二人の婚礼写真を撮ってください」

彼女は本気だった。そののち、彼女の故郷のテキサスに、婚姻届を出したのだから。ただそれが、受けつけられたかどうかは、定かでない。

そんなことがあってから、なんと哀駘它の花嫁は一万人になってしまっていた。

ただ哀駘它の方は、あいかわらず、どんな美女がきてもいつもと変わらず茫漠としていて、たまにあくびで相手するくらいなのである。

〈これは哀駘它の良い波動に、自然に良い現実が作られやってきたということのような気がする〉

すべては「いい気分」でいることから始まる。「いい気分」でいることでいい波動を発せられ、同じ波動の物事があなたに引き寄せられる。（参考／『引き寄せハンドブック』奥平亜美衣著）

良い波動を発するものには、良い現実が引き寄せられ、不平不満愚痴のマイナスの波動を発すれば、それに見合った不幸な現実が引き寄せられる。

号外！　吉詠小百合さんは美の秘法を、クマムシの女偊（じょく）から聞いていた

〈女偊（じょく）＝道を修めた女人。いつまでも若々しい伝説の女人（『新釈漢文大系・荘子』内篇、大宗師（だいそうし））〉

※池田知久氏は、『荘子上』（講談社学術文庫）にて「女偊（じょう）」とされている。岸陽子氏も『中国の思想・荘子』にて「女偊（じょう）」とされている。

銀座の街の路上で、一人の若い女が、一回百円以下の値段で靴を磨いていた。

女優吉詠小百合は、その若い女が水をたたえたような笑顔で常に客と接しているのを見て、これはただ者ではないと思い、彼女も客の列に加わってみた。なんと彼女は、五十七番目の客だった。

ようやく自分の番がきた。

「失礼ですが」

と一万円を差し出すと、その手を押し返しながら、女はこう言った。

「あなたはわたしを不幸にするつもりですか」と。

小百合女史は、ますますこれはただ者ではないと思い、非礼を詫びた。百円硬貨がなかったので、十円玉を八個、紙の箱に入れた。

「わたしは、吉詠小百合と申すものですが、あなたのお名前は」

靴磨きの女は、日本手ぬぐいで吉詠の靴を磨きながら、

「女偊真砂子と申します」

と返答した。

吉詠は、自分の名を伝えても、無頓着にしているので、この若い女は、彼女のことを知らない年代なのだと思った。

「すみません。お若い様子ですが、まだ十代ですか。ここでなぜ靴磨きをなさっているんですか」と問うてみた。

その単刀直入な質問に、女偶という女は、童女のようにほほえむ。

「わたしは、今、現在、九十九歳と九ヶ月です。また、ここでこういう仕事をしている理由など考えたこともありません」

と言うと、こんどは、声をあげて笑った。艶のある若い女の声の響きだった。

女優吉詠小百合は、女が、この場のこのような雰囲気にありがちな冗談を言ったと思い、一緒に笑った。

だが若い女、女偶真砂子は、ポケットから保険証を出して、吉詠に見せた。それを確認したとたん吉詠は、その場に膝をついて頭を下げて言った。

「ぜひ、一度お話をうかがわせてください」と。

しかし女偶は、「あなたとお話するようなことは何もありません」と、とりあわなかった。あきらめきれない吉詠女史は、次の日も列に並んで、自分の番が来ると尋ねた。

「あなたはなぜ、そのように今も童女のような声と肌でいらっしゃるのですか」と。

しかし女偶は、笑って答えなかった。

一日置いた次の日、付き人にちょうど最後の客になるように並ばせ、吉詠女史が最後の一人となるよう

にした。時刻はすでに、夜中の十一時を過ぎていた。吉詠が、百円玉を紙箱に入れると、

「まあ、きょうはこんなに一杯になっちゃった」

と自分のために百円玉三個だけを箱からとると、残りを、

「あなた、あげましょう」

とさも嬉しそうに女優に箱を差し出すのだった。まるでだれか貰ってくれる人がいて、ちょうど良かったという様子である。吉詠は不思議な感覚におそわれ、鳥肌立った。思わず身をすくめ、地に膝をついて、女偶の手をにぎり、頭を下げると、消え入りそうな声になって、

「あなたは、なぜそんなに童女のようなのですか、童女のごとき肌でおられるのですか」

と一昨日と同じ質問をした。

女偶の方も、女優の魅力に動かされるものがあったのだろう。静かに、話を始めてくれた。

「あなたの笑顔も水をたたえた童女のようです。不思議な方だと思っておりました。わたしは七十五年ほど前に偶然、女偶と申すクマムシと夏の夜の静かな川辺で出会いました。わたしはその時、男に捨てられ川に入って死のうとしていたのです。その時、女偶という名の一匹のクマムシに、こんなふうに言われてとめられたのです。わたしの今の姓は、その時のクマムシの女偶からもらったものです」

※クマムシ→大きさは、一ミリ未満の動物。かわいい生物ランキング一位。乾燥（仮眠）状態に入ると、マイナス二七三度に耐え、一〇〇度位の高温にも耐える。水深一万メートルの七十五倍の圧力にも耐える。宇宙旅行にも行き、十日間の真空状態にも死ななかった。凍結したままで、三十年間生きていられる（『クマムシ博士のクマムシへんてこ最強伝説』堀川大樹著・日経ナショナルジオグラフィック社）。また仮眠状態で百二十年間生きていたという伝説もある。

女偶真砂子は、さらに当時のクマムシとの話を続ける。

「その時クマムシは、『あなたは、とても美しい。その美しさを永遠に保てる秘密を教えてあげよう。だから死になさんな』とわたしに言ったのです」

「そんな秘密が、あるのですか？」

と半信半疑で吉詠は、その少女のままの瞳を一心に女偶にあずけて、尋ねた。

「その秘密とは、特別なことではありません」
①まず、余分なお金や物、交友を持たないことです。
今では、わたしは余分にお金があると、頭が痛くなるし、背中がもぞもぞしてきます。風呂の薪(まき)でさえも、ためこむと、身体が重くなって次の行動は何をすればよいかわからなくなってしまうのです。
②常に他人のせいにしないことです。
横から誰かがぶつかってきても、です。また相手が、車で道を塞いでいても、そこを通行できなくなったことを、相手のせいにしてはいけません。またそのことで得られる福、ご利益について考えなさい。必ずあります。
③常に笑うことです。でもそれを目的としてはいけません。
《**彼女の人生いつでも晴れ**（中島みゆき）》とあるように、心がいつも晴れていて自然に笑えるのです。ある女が、いや女達は、よく結婚すると、「笑いの絶えない家庭にしたい」と申します。これ、笑いに執着していて、心に埃があり、光を通しません。お薦めの笑いではありません。
④「喉(のど)もとで呼吸する習慣をつけてはいけません。踵(かかと)で呼吸しなさい」と、あのクマムシの女偶は、申し

ましたが、これは臍下丹田（臍の下十センチくらいの位置）で呼吸しなさいと言ったのです。

御存知でしょうが、まず鼻（鼻と口からでも良い）から深く長くゆったりと息を吐き出し吐ききります。それからまた鼻から静かに深く吸い込むという感じですかね。深く呼吸をして体の隅々まで血液がめぐるようにするのです。また、そのことを、意識するように。

「**其の食は甘からず、其の息は深深たり。真人の息は踵を以てし、衆人の息は喉を以てす**」（『新釈漢文大系・荘子』内篇、大宗師）→昔の真人はシュガーフリーで、呼吸は静かで深い。真人は、呼吸を身体の深いところでする。衆人の呼吸は、喉もとでしていて浅い。

「速くて浅い呼吸は交感神経を刺激しますから、常に心身が活動状態にあってやすまらず、ストレスが溜まりっぱなし」（『「密息」で身体が変わる』中村明一著）になります。

深い呼吸は、自律神経のバランスを良くし、身体の免疫機能を高める。ただ、口呼吸は免疫を低下させ、病気の原因となります。（『図解雑学　呼吸のしくみ』北一郎著・ナツメ社・要約）

⑤臍まわり・臍下丹田を温めなさい。そしてその熱を踵まで下ろしていきます。まず両手を頭上におき、天の気をため、それを体内を通して両手で次第に臍まで下ろしてゆくのです。そこでしばらく温めた後、意識で足まで下ろしていきます。

【人間の心は、脳にはない。腸にある。小腸は、人間の中のぬか床。腸は人体の根っこ（田中保郎医師談)】血流を良くし、ここを適度な温度に調節し腸内細菌を育てることが大切。体の最大の免疫機能は腸にある。

(参考/『「心の病」は、腸を診れば治る!?長崎発★東洋医学医師　田中保郎の挑戦』山中伊知郎著・山中企画)

⑥コマネズミのように激しく動き回ることを頻繁にしてはいけません。気の流れが乱れ、必ずどこか痛めるでしょう。

⑦人が捨てるような野菜の皮や根をかじりましょう。
「菜根滋味多し」(禅語)と申します。これらには抗酸化作用が多いのです。体の錆を防ぎます。またえり好みせずに、そこにあるものを美味しくいただくようにすると、柔軟な心が育ち生命活動を活発にさせます。固執しえり好みする性格は、ストレスを溜め老化を早めます。

⑧**「孰か能く相與にする無きに相與にし、相為す無きに相為す」**(『荘子』内篇、大宗師)と今から約二千数百年も前の偉人の言にもありますように、人様とは、仲良くしようとして、作為策略を用いないようにすることです。すると逆に仲良くなれます。
義務や謀から交友すればストレスが生まれ、血流がとどこおり、肌が荒れてきますから、大切なことです。

⑨**悪いことを思わないことです。**
「なぜか、今日も体が若返っている」と心ひそかに言ってみます。

わたし達は、脳によって体の細胞を変化させることができるのです。脳は騙されます。ただ無心に信じ

ないと効果は薄い。《でもやっぱりそんなことはね》……なんて付け足しは、やめましょう。

わたしは散歩のとき④の呼吸法をしながら、「今日も体が若返ってる。ヤバイ」なんて思ったりします。

⑩それからこれもクマムシ女偶からのうけうりです。ご参考までに、今から二千数百年前の、不老のための修養の方法をお教えしましょう。

> これは、いにしえのその昔、女偶という聖人が、卜梁倚（ぼくりょうき）という男に教えた内容です。
> まず、三日、道を修め、世間を忘れます。
> 次に、世間のことを忘れたまま、七日間修養します。すると、物事を思わないようになります。
> 次に、物事を忘れて、さらに九日間修養します。すると生を忘れるようになります。
> 生を忘れると、「悟り」が開けてきます。「悟り」が開けてくると、「道」がわかります。
> そして「道」と一体化すると、過去も未来もなくなります。
> 次に、過去も未来もなくなると、今だけになり、永遠になります。
>
> （参考／『新釈漢文大系・荘子』内篇、大宗師）

人を見分ける智慧(ちえ)はありますか

本当に本気になったとき、人は条件を持ち出さない。こういう時、自分の潜在能力も発揮できるようになる。

ある朝。テレビの取材カメラが回っている前で、都会から来た若い女性と寺の住職である老婆が、箒(ほうき)で庭を掃いていた。

住職らしいやせた老婆には、両手がない。都会からきた女の子は、二十歳くらいか。お寺の境内のツツジの下を、竹ぼうきを使って二人して掃いていた。どちらもにこやかに笑っている。高齢の住職は、両手がないから、脇の下に箒の柄を挟んで掃いている。

二人ともしていることは同じです。しかしその内実は、天と地ほど違うのです。

似て非なるもの、びょういんとびよういんくらい、豆乳と牛乳、小麦粉とニュービーズくらい違うのです。またナミアゲハチョウの緑色芋虫幼虫のにせの目玉と、蛇の目くらい違う。蛇とスネークヘッドモス（蛾）くらい違うし、パンダと朝食のパン、ダーくらい違っている。

この違いが一目でわかるなら、その人は人生の達人です。

地面に降りて二人をさっきから見ていた、境内の鳩の鳩子が言った。

鳩子「やはり、仕事量が違うでしょう。年寄りの方は両手がない上に、やせていまにもこけそうだし、だんだん疲れてきて動かなくなりそう。それに比べあの若い女の子の方は、ますます元気に体を動かすでしょう」

　そばにいた鳩夫も頷きながら言う。
鳩夫「ウン、竹ぼうきを動かす速度は、女の子の方が少し速くなってきたような気がするぞ。それに若くてかわいい。明らかに経済的価値は、女の子の方にある」
鳩子「では、あのご老人の方は、もう無価値なのでしょうか」
鳩夫「若くて、これから生産性のあがっていく方が、価値があるよ。だからと言って、婆さんが、いらないとまでは言わないけど」
鳩子「二人の違いと言えば、そういったところですかね。まだほかに何かあるのかな」
　その時、ちょうど両者の間にいた小石が、耳をかきながら？言った。
小石「見ているようで、おまえさん方には、実は何も見えとらんでごわすばい。目明きは、なんとまあ不自由でごわんぞ」
　鳩子と鳩夫は、顔を見合わせた。小石はさらに話を続ける。
小石「女の子の方はな、まず速くきれいにしようとしておる。次に、できればやっぱり誰かにほめられたいとも思っておる。これがすめば、食事があるはずだから、食事のためにもがんばろうと、思っているかも。また意外に楽しい、勉強より楽しい、０・１グラム体重減らせる、なんて思っているかも知れない」
鳩子「速くきれいにしようとするのは、別に悪いことじゃああーりませんですよ。また勉強より楽しいって思って何が悪いの」
　鳩夫も、頷きながら小石に言う。
鳩夫「みんなにほめられようと思う、その何が悪いの。あんたの頭、石頭なみ」

小石「そりゃあ、そうな。なーんもわりいことはありゃあせんぞな。だけんどだじょも、女の子には、そういう自分への意識がある。自意識がある。つまり石のように無心ではない」
鳩子「そんならですけど、あの住職のお婆さんは、何も考えていないし、なんにも思っていない、と」
　小石は、そうだというふうに、頷く。
小石「つまり、速くきれいにしようと目的を持ってやっていない。まして、このきれいにするところを誰かに見てほしいなどとも思っておりませんです。楽しくやろうということもありません。ただ掃くだけ。掃除しているという意識もなく（身心脱落）無心でいるという意識もない（脱落身心）。ただ今のこの一期一会、日々是好日の比較のない心だけがある」
　そのとき鳩子と鳩夫は、口をそろえて小石に両側から言った。
「えっ、女の子の方は無心じゃあなくて、住職さんの方は無心ですか。それで何か現実が変わりますか、何も変わりはしませんですがな」
小石「ちゃうわい、ちゃうわい、天と地ほどの現実の違いがあるわい。天神の助けを得られるか得られんかという違いがあるですわい。だから人生も、ずいぶん違ってくるのじゃわい。『自分の利鈍（利発か愚鈍か）を気にし、誰かどこかにとキョロキョロし、ああしてくれなきゃと条件を持ち出し……。それは本気になっていない証拠。おのれに甘え、他に甘え、隙間だらけのその姿勢では、開かれていた道さえも閉ざされてしまう』（『新・美しき人に』青山俊董著）。何をしても、隙間だらけのおまえ達、アン、心当たりはないんか」
　と小石は、その短すぎる足で地面を踏みつけた。

鳩子「なるほど、戦後、わたし達の目は見えるものしか見えなくなり、お年寄りを尊敬しなくなってきた」
鳩夫「ワシ達年寄り自身が、今ではそうだからね」
鳩子「あの二人の掃除をしている姿を見て、違いがわかる人はいないでしょう」
鳩夫「古き良き日本の心、損得抜きの自分を捨てた本気がね」

＊参考にした『無手（むて）の法悦（しあわせ）』（大石順教著・春秋社）の中に右のような一節はありません。実際の本には、芸術家としても尼僧としても活躍した、大石順教の波瀾万丈な人生が語られています。

　踊りの名手・妻吉（つまきち）十七歳（後の大石順教・順教尼）は、明治三十八年六月二十日、養父中川万次郎狂乱のため一家六人が斬られたものの、順教尼だけ生き残る。しかし両腕を失う。その後見世物的に旅芸人として地方巡業に出る。十九歳の時、カナリアを見て口で文字を書くことを思いつく。それから独学で書画の勉強に励み、晩年にはドイツのミュンヘン美術館で個展を開催するまでになった。

「口に筆とりて書けよと教えたる鳥こそわれの師にてありけれ」（大石順教）

「道」と通じ「道」に生きる

「道に通ぜざる者は、自(よ)**りて可なる无**(な)**(無)し」**

「道」つまり「天」と通じていない者は、何をしても良くなりようがない、「物に対してどう手を下そうとも、決してうまくいきはしない」。なぜならわたし達は、その「道」から日々エネルギーをもらって生きているのだから。

「无為(むい)**(無為)にして尊き者は、天道なり」**

無心にはからいごとなくしていれば、すべきことは自然になされていく。それが天の「道」である。

「有為(ゆうい)**にして累**(わずら)**わしき者は、人道なり」**

(「有為＝ゆうい・うい」とは、知恵をはたらかせ戦略的に物事を処理しようとすることで、「道」から外れた行為である)

目先の損得にとらわれ手を下し、自爆するのが、俗世間の者のすることである。例えば、給付金を騙し取るとか、コピー商品を作って売ろうとかすること。


(参考／講談社学術文庫『荘子上』外篇、在宥)

村の道の清掃、人が見ていようと見ていまいとただ無心にするのが、天の道である。それをやらない人がいるから、こんどの会合できまりを作ってほかの人にもやらすとするのが、人の道である。「道」を知る者は、そんな意見には賛成しない。自分ができる間は、やっておけばいいのである。

最終的に、どっちの心がけが村の協調が成し遂げられ、村の美化を成し遂げられるか。言う必要もない。

「道」と通じ「道」に生きる者は、「道」に生かされて花開く

師匠「そうかそうか、おまえも大分成長したな。だがまだまだだ」

弟子「ハイ」

師匠「昔、野球選手にナガシマシゲオという名選手がいて、彼は野球の試合を見にいって、帰るとき連れてきた自分の息子を忘れて帰ったそうだ。あのころ彼は天才と呼ばれていた。あのころは多分不分明なあっちの世界に足を半分入れていたんじゃあないか。それに比べるとおまえはまだまだだ」

数日後、弟子がまたやってきた。

弟子「師匠昨日、シャモジを家の外にとりに行って、小便だけしてかえっていました。すぐに気づいてまた外に行きましたが」

師匠「ふむ。まだまだだ。シャモジを忘れたと、すぐにとってくるのが情けない。ワシならシャモジを忘れたと、とりに外に出て、また小便して、またシャモジを忘れる。家の中に戻り、部屋の中をうろうろして、座禅していたろう」

弟子「さすがでございます」

数日後、また弟子がやってきた。

弟子「夕方いつものようにせっせと、薪で風呂を沸かしました。このごろは風呂に入るのが唯一の楽しみなのであります。しかし風呂に入るのを忘れ、夕飯を食べて、それからいろいろして寝てしまったのです。

次の日の朝、風呂を見ると蓋がしてあるのです。まあ風呂の後、蓋をしておくということはあります。でも妙な感じがして、蓋をとってみると、水がきれいだったのです。それでもすぐには、自分が昨日風呂に入らなかったのだと気づきませんでした。伸びた髭を触って、ようやく昨夜のことを思い出し、気づいたのです」

師匠「ふむ。大分頭の中がグチャ、モワッになってきたな。とにかく人間、パンのかたまりを兄弟で分けるときに、平等に真半分に分けるようになってはダメだ。動物をみてみろ、二頭が齧(かじ)りついて、片方が多く食べても、どっちも満足して食べ終わっている。理が走ると本性が壊れるのだ」

弟子「ハイ、まあ」

しばらくして、また弟子がやってきて言う。

弟子「師匠、この三月の初め、村で会合があり、わたしがお寺の世話役つまり総代として指名されました。それで思わず、『ハイ、させていただきます』と頭を下げてお引き受けしましたです。その結果は期待どおりでした。三月末の開山忌に二万円、寺の改修費に三万三千三円、そして草刈り作業などお寺への様々な奉仕作業がありました。これらさまざまな俗には損という得にあずかられたことを、心ひそかにほくそ笑み、こんなありがたいことはないと感謝しております」

師匠「むむむむむ。百円ショップで買ったゴミ拾い用火箸(ひばし)の先が磨耗と錆びで使えなくなったら、その先端を折りたたんで、まだ使っているような生活の、おまえのその言葉に感動したぞ。おまえも、ようやく損と得が逆さまになり不分明になってきたか。よしよし。いよいよ渾沌の世界、つまり〈道〉に近づいてきたな」

　数日後に、また弟子がやってきた。珍しく沈んだ顔をしている。

弟子「はい、実はこのごろＡＫＢ48のネエチャンを見ても、そこらの石か瓦を見るようにしか見れなくなったのです。代わりに村の豆腐屋の、まるっとした黒っぽい短い足の娘の笑顔、でなければ皺のある女性のほほえむ顔の方に気を取られるようになってきたのです」

師匠「そうかそうか、知らぬ間に、おまえはワシを追い越したのかもかも。

『**一**(いち)**（＝道）に通ぜば、而**(すなわ)**ち萬事**(ばんじ)**畢**(おわ)**り、得**(う)**るに心無**(こころな)**くんば、而**(すなわ)**ち鬼神服**(きしんふく)**す**』（『新釈漢文大系・荘子』外篇、天地）

という。

つまり「道」と通じることができれば、やろうと思うことはたいていのことはできるようになり、損得など忘れれば（例えば、損得など忘れてモノづくりに取り組めば）神秘的な能力がおまえにも、もたらされてくるだろう。女を見る折にも、外見にとらわれない本質を見る能力が備わってきておるしな」

（ホイットマンの詩）

向こうから二人の女がやってくる
片方の女は若くて美しい
老いた方の女はもっと美しい

第七章　大切なものは他者にあげる

凹んだところはやがて埋まるとわかる章

うまいビール二つとまずくないビールが一つあったら、まずうまいビールを二つ人にあげなさい

ただし、うまいビールを二つ人にあげた人に、気をつけてほしいことがある。何かを期待してそうしたのでは「天の理」つまり天の物理的法則＝「道理」に背いていることになるから、結果あまり良いことはない。

では「天の理」つまり「道」に背かないようにするとは、どういうことなのか。ヒントは次の老子の文の中にある。

> 道は万物を生みだしながら、何も言わない。また生みだしたものを自分の物としない。同じように聖人も、それを生みだしたのは、自分だと人に言ったりしないし、自分のものにしようともしない。また認めてもらおうともしない。
> だからこそ逆にそのはたらきは、世の光りに照らし出されることになる。
> （参考／『老子』二章）

損しないように損しないようにとすると、かえって損していたりする

ホットドッグが広告通りの長さの三十センチなかった話。

平成二十五年一月某日、ネタ元ヤフーニュース。それに根と葉を勝手に付けて書いてみると。

アメリカのとあるレストラン。ある客が、三十センチサイズと有名なホットドッグを食べに店に行っ

た。しかし注文して出された皿の上のホットドッグの長さを測ってみると、三センチ足りなかった。それで客は、精神的苦痛を受けたとして、慰謝料とかわりのホットドッグを請求した。

店は、裁判にされるのを恐れて、仮にその客にホットドッグ半年分と、慰謝料百万円を払ったとしよう。これは、一見、客の勝利で客が得したように思える。だが目を逆さにして、眺めてみると、この客人は、やはり損しているような気がしてきて同情してしまう。

「天網恢恢、疎にして失わず」（『老子』七十三章）

庶民からしてみると、うまいことやった者が得をしているように見え、じれったく感じることが多い世の中だけど、「道」に背いた行為をする者には必ず禍がおとずれるようになっている。これを『因果応報』（仏教語）とも言う。

で、どのような損が生まれてくるか

㈠目先の損得に能力を使う傾向があるので、本当の自分の能力を伸ばせない。うまい汁を吸うことに知恵をしぼる傾向があり、自分の能力が育たない。

㈡常に、自分の幸福と不幸は、外の条件に原因があると思っているので、いつまでたっても満足できない。不平と不満の固まりの人間となる。他に原因があると思っているので、努力しないタイプの人間となる。

㈢妻や恋人、友人との人間関係は、破綻しがち。

㈣一見おいしい思いをして得た利得は、むしろ損害を生む。

では三センチ短いホットドッグを食べさせられたお客は、どうすべきだったのか

「道」にそった行動をすることとです。

三センチ短い二十七センチサイズのホットドッグでも、そんなことの是非を思わず、執着しないこと。

または、その三センチ分はお店にプレゼントしてあげたつもりになって、よろこんで店を出ればよかったのです。

またはどうしても何かひとこと言いたいのなら、「ちょっと短かったけど、とっても満足したよ」と言って店を出ればよかったのです。チップもあげてね。

で、その結果、どうなるのか

「道」は減じたものには、反作用という物理的法則がはたらくから、何かの形でまた元に戻る。自然、物や素敵な出来事としてまたかえってくる。

ウルトラ「させていただく」で、人生を反転させられる

ウルトラ「させていただく」の例

【例一】ある時、沢庵和尚が山道を歩いていると、イノシシの塊粒（かいりゅう）つながりウンコが道の真ん中にありました。和尚はそれらを葉でくるむと、下の藪に捨てておきました。

これは、たいしたことはないような気がしますが、和尚のように、そういうことをさせていただいたご縁に感謝する心もちでするのは、なかなかのことです。

普通は見てもそのままにしておいたり、「やれ、※せんないでよう」などと文句を言いながらどかすのが普通です。

※せんない……山口県の方言。面倒臭い。

【例二】和尚がある山奥の村を、目的地の寺めざして歩いていました。今日の夕方までに、もう一つ先にある村のお寺に着く予定です。

と、一人のお婆さんが、道端で何やら浮かぬ顔をしています。話しかけると、何やら気のない返事をしますので、

「どうかしましたか？」

腰をかがめて問うと、お婆さんの家の栗の木の実が、下の家の屋根に落ちて、屋根瓦が割れたりするから、「栗の木を切ってほしい」と言われたのでした。

このごろは田舎もせちがらくなり、自分の家が多少でも被害を被ると、損したと思って、行政に相談に

行ったり、裁判にまでなってしまうことがあります。

沢庵和尚は、お婆さんのために、半日かけて栗の木を切ってあげました。枝もちゃんと始末してあげました。

お婆さんは、とても喜んでくれました。お礼に、何もないけどと、ふかしたジャガイモを三個くれたのです。ケチと言えばケチです。だから村の人は誰もやってあげようとしなかったのかも。

和尚は、それを「ありがとう」と、三回頭を下げお婆さんを拝んで、いただきました。一個は温かいうちにいただき、あとの二つは頭陀袋（ずだぶくろ）に入れると、またお礼を言ってその場を去りました。

しばらくして和尚さんは、遠く北の空を眺め、「今日中にお寺に着けそうもないな、お陰様でどっかで野宿か」と笑ってつぶやくのでした。ご縁によって生まれた野宿という境遇をありがたくいただくのです。きっと仏様は、和尚さんが明日に目的のお寺に着くよう、和尚さんのためにはからわれたのです。だからこんなありがたいことはないと天を信じ、感謝してただ拝むのです。

繰り返しますが、このとき沢庵和尚は、感謝してもらおうとして婆さんを助けたのではありません。だって「させていただいた」のですから。だから感謝すべきは、お婆さんではなく、和尚さんの方です。

——してあげたではなく、させていただいた和尚さんの方が、なぜ逆に感謝感激するのか。イノシシのウンコをとりのけた例とお婆さんの栗の木を切ってあげた例で考えてみよう——

・イノシシのウンコをのける時、沢庵さんはイノシシのウンコを片付けさせていただいている、ありがたいことだ、という気持ちで片付けている。だからイノシシを恨む心が湧いてこない。イライラしなくなり健康に良い。また波動の質も良くなり、良いことや、良いひらめきが、天から降ってくる状態になってい る。こういう気持ちで物事に処せば、ストレスがなくなっていくから、心身の健康に良い。

・イノシシにウンコを片付けておいてほしいと望む、相手にこうしてほしいと望むことが少なくなる。または誰かに見てほめてほしい、人に自分はこういう人間だと知ってほしいといった依存の心がなくなる。人に依存する気持ちが薄まり、真の自立心が生まれてくる。

・奉仕作業に駆り出されても、自分の体を自立的に動かすようになるから、体を動かすことが苦でなくなる。労働が苦でなくなる。会社の仕事でも、自立的な労働が自然にできるようになる。

今のこの頭でっかちな資本主義社会の「損得」とはまったく違う、逆の視点が常に個人の中に生まれてくる。実は損をしているのではなく得をしたのであると思えて、逆の得の面に思考がはたらくようになる。→この逆転した思考の持ち方は、訓練が必要。知らぬ間に以前の損得思考をしてしまっているから。

天の理に沿った行為であり、天との通路がより開けてくる。天の気が体内をめぐりやすくなってくる。

真実の「智慧」が啓けてくる。

「させていただく」これは仏教の教えの一つである「布施」行である。

この行をすることによって自分の中に、《いままで見えなかった心の世界＝智慧の世界＝般若の世界》が啓けてくる。

＊大切でないものをあげたのでは、布施にはならない。お婆さんのために、自分の大切な時間を使った和尚さんは、布施行をしたことになる。

日本的神ＤＮＡ→自未得度先度他（じみとくどせんどた）

「**自未得度先度他**」、曹洞宗開祖道元禅師の「正法眼蔵」の中の言葉です。「度」は「渡」です。難しい言葉で、知らない人は多いのですが、**日本人の心の中には、この「神ＤＮＡ」が今も隠れ味のようにそこはかとなく息づいている気がします。**

・「**自未得度先度他**」意味は、自分は未だ菩薩の身の修行者であり、未だ救われえぬ者であるけれども、衆生（しゅじょう）（迷える者）を先に救えるのなら先に救ってあげたいという心がけのことです。

クマに追われていて、一本橋があったら、先に他の人を渡してあげようとすることです。

・また菩薩様が、自分はすでに救われている位置にいる者であるが、先に浄土に行くようなことはしないで、まだ救われない衆生の中に入っていき、苦しんでいる人を救って先に浄土に行かせてあげるようにしてくれる、という話があります。

つまり自分は欲しい席があっても、先に他人に席を譲るのです。食べ物があれば、自分はお腹が空いていても、先に他人に食べてもらうのです。今は、まず自分が先に満足してからというのがあたりまえのようですが、しかしどっちが本当に我が身を救っているか、ふと考えてみる必要があります。

〈よく知られている話に「天国の箸、地獄の箸」があります。地獄では、一メートル以上の長い箸を使って食事をせねばなりません。しかし自分ではどうしても食べることができず、お互いイライラして殺し合いのようなケンカになります。一方天国では、一人の人がその長い箸で別の人の口にその長い箸を持っていって食べさせます。すると食べさせてもらった方が、こんどは箸を持って食べさせてもらった人に食べ

させてあげます。そうしてみんなで豊かになってゆくのです〉

つまり自分が先に食べようとすることが、自分が本当に得することなのかということです。

仏教国日本には、先にまず他の人を、とする心は残っています。製品を作るときにも、まず他人が喜んでくれるようにと願って製品を作る。これが、製品の優位性を生みます。そして実はわたし達には普通なこの精神は、世界標準ではないようなのです。

田舎の人の言葉からも、古き良き日本人の心がわかります

【例一】「ホウレンソウが、はあ薹（とう）がたっちやれんけえ、ヒデチャン食べてくれる」

この話は信じてはいけません。これはわたしが心おきなく遠慮することなく食べられるようにという、心づかいの言葉です。当人は、これは今がちょうど良い時で、美味しい時だと判断して持ってきているのです。

【例二】「絆創膏なら、今ちょうど下におりるところじゃけえ、持っていってあげるよ」

実は、今すぐ持っていこうとして、嘘を言っているのです。

【例三】「今晩、煮しめを作りすぎたけえ、食べてもらえるとありがたいんじゃけど」

これも相手にこころよく貰ってもらう口実です。自分が食べるよりも先に人に食べてもらおうとして、できたてのほかほかのを持ってきてくれます。

「食べてもらえる」という表現も、他者優先の文化です。

【例四】逆に、こんどは何か持っていくと、「まあ、そんとおなことをせちくれちゃあ、やれんでよお」と言われる。でも本当に余計なことをしたと思ってはいけない。わたしのような者のために、物と手間をかけさせて申し訳ない、という意味ですから。

これは、日本の弱さではなく、強さでしょう。日本が豊かになれるとしたら、このような精神を自覚し伸ばしてゆくことでしょう。

神国日本と言います。かくのごとくの天の理に従って行為する日本人の住む国には、神の加護（神仏がその力によって衆生を守り助けること――大辞泉）**があるような気がします。**

ただこれを外交でやると、文化の違いから、大変な失敗を犯しますので気をつけるべきだとは思います。

第八章　禍は福のよる所、福は禍の伏す所（老子）

悪いことと良いことは表裏一体だという章

この世には飢えや寒さより、苦しい苦しみがある

苦しみというものは、実は満たされれば満たされるほど、苦しみの質がより深く微妙になり、とらえどころのないものとなってしまう。


中国の古典「菜根譚」前集六十六に、次のような言葉がすでにある。

「人は、飢寒の憂いたるを知りて、飢えず寒えざるの憂いの更に甚しきたるを知らず」

意味は、俗世の人は、飢えや寒さの苦労だけを苦労とし、それさえ消えてなくなれば、幸せになれると信じて日々がんばっているが、実は、お金がたまり召使いを雇い、便利になってからの心労、苦しみの方が、より本人を苦しめるものだということを知らない。知らないで、ラットのように回転籠の中で走り続けている。


わたし達は、この事実を知っておく必要がある。知っていれば対策のとりようもあるというものです。

※　※　※

「おかあさん」と空子が、ふと何か思い出したように、母親を見上げて言った。

「貧しくて食べ物も少なく、毎日朝晩二食だけで、イモと、トウモロコシの粉を練って焼いたものを食べていて、夜は寒くても毛布一枚だけ、裸足で学校に行き、ノートと鉛筆をもらったら天国に行ったよう

に喜び、みんな勝手に唄を歌い、体を揺すっている。あんな子ども達の笑顔、ワタシしてないって、思って。クラスの友達も、あんな弾けた笑いしてないような」

母親は、紅茶を飲みながら、

「あなたわね、本当に貧しく飢えたことがないから、そんなふうに思うのよ」

空子に諭すように言う。

「ああ、そうかもしれません。でもでも、やっぱり何か変なのです。あの子達は、そこが戦場でもない限り、がんばれば、おいしい飲み物と焼きたてのイモを食べられて、希望がかなえられるでしょう。ペットボトルや空き缶を集めて売れば、褒美に飴玉一つ手にし、天国にいるような気分になれるのではないでしょうか。

でもです、わたしのようにクラスで一番になるとか、一番にならなきゃあ意味がないとか、勝ち組になることとか、人様から尊敬されるような者になるとか、他人様から好かれるようになるとか、さらにさらに自己実現とか、のようなとらえどころのないことに喜びを見つけ出さねばならないとしたら、こっちの方が、まるで雲でも掴もうとしてかきむしっているようで、苦しいことではないのかと、ふと思うのです」

母親は、紅茶を飲む手を不意に止め、空子を見た。

「まあ、あなた、もしかして、天才。わたしの子なのだから、それはまあ仕方ないとして。そうね、そういうことはあるかもね。だからね、わたし達は、身近な小さなことに喜びを感じるようにすればいいのよ。ほら、今日は空子ちゃん、昨日の鼻水が止まったでしょ。それでその時普通に呼吸できる喜びを感じるの、今日の空気おいしいなあって」

空子は少し元気になる。

「そんなんなら、たくさんみつかるよ。昨日給食のとき、にがてなピーマンがあったけど、食べたのよ。意外とおいしかったわ。それからわたしの本棚をきれいにしたら気持ちよかったわ。わたしって不思議。手が動くって不思議」

「先生も、成績や、生活態度とか、友達関係とかばかりに目を向けるより、子ども達が身近なことで喜べるように、教えていって、子ども達のストレスを減らすようにしたらいいのよね」

天から見ると、わたし達の損得是非の勘定はくるくるくるってる

荘子の「天鈞（てんきん）の思想」は、「引き寄せの法則」の力を、さらに強くしてくれる。

「引き寄せ」とは、簡単に言うと、プラス思考は良い現実を引き寄せてくれ、マイナス思考は悪い現実を引き寄せるという考え方。

「朝三暮四（ちょうさんぼし）」（＝サルどもに親分が、「朝三個に暮れ四個」ドングリをやると言ったら、サルが怒ったので、じゃあ「朝四個に暮れ三個」やると言ったら、サルどもは大喜びしたという話）が『荘子』に紹介されている（『荘子』内篇、斉物論）。これはサルが目の前の損得是非にこだわり、全体的に物事を考えられない例だが、人間も結果的には変わらないのに一喜一憂することが多い。

【天鈞（＝均）の思想】とは、全体としてみたら物事は実は調和していて、実は同じだと、とらえること。ものには是も非もない。すべては調和している。故に聖人は、我が身の「是」にとらわれず、天均に休む。自然に任せる。

欧米の思想には「自立」という大切な思想がある。もともと日本にはなかった考え方だ。

生活の自立には、蝶なら羽がいる。人の場合、それは手や足や脳味噌だ。そういうものが備わっていない者は、自立ができにくい。ハンディがある。だから自立へと助けてあげないといけない。これが欧米のボランティア精神。

しかし古代中国の道家の思想には、手足がなくとも、また能力が劣っていても、普通にいろんなものが備わっている人間と、同じ存在だと考える思想があった。つまりハンディはハンディではない。ハンディも視点を変えれば利点に早変わりする。これを「天均の思想」という。

物事のすべてに是非はない。

「人間になりたかった猫」とかいう人間になりたい動物の物語があったような気がする。これも実におかしな話・傲慢な話で、彼らは人間になどなりたくはないはずである。人間は、言葉が話せ、考えることができる。だから人間の方が良い。しかし猫にしたら、言葉に傷つき、どうでもよいことに悩む人間になどなりたくないはずである。

長所は短所であり、是は非である。猫も人もその意味で平等なのだ。

※　　※　　※

天から見ると、わたし達の損得是非の勘定は、くるくるくるくるってる

タヌキ村では、毎年タヌキ神社の祭りをする。

祭りの五日前、タヌキ村婦人会は、みんなで祭りの衣装の洗濯を、川原でする。

ところが、アシハラダヌキがその日、集合場所である川原にきていなかった。

アシハラダヌキと家が近い、シノダダヌキが言うには、「天気が良すぎて、気温が三十五度になるらしいので来れない」と言っているらしいのだ。熱中症になるという理由で休んでいるのだった。

だが理由があって来れない人は、ミミズ二十匹と、タイワンバナナ三キロを供出しないといけない。その件についても、「ウチは貧乏だからムリ」だと言っていたという。

シノダダヌキの話を聞いたタカアシダヌキは、アシハラダヌキの普段のずるさも思い出し、怒りに震え、

「みんな無理して、都合つけてこうして洗濯にきているのに、公徳心(こうとくしん)のかけらもないやつだ。そんな不公平なことは、許せない」

と言った。ほかの女タヌキ達も言い出した。

「そうだそうだ、わたし達は、あいつの分までやらされている。そんなことで世の中すむわけがない」

だがその時、にこにこ笑いながら話を聞いていた、一匹の古ダヌキが言った。

「昔々、そのまた昔のタヌキ達は、そんとうなことを言やあせんかった。だいたい、あのころは、数を数えられんかった。だから、損も得もわからんかったし、公平・不公平という考え方もなかった」

その話を聞いた女タヌキ達は、あまりの馬鹿馬鹿しさに、冗談を言ってるんだろうと、ケタケタと笑った。

その時、天然と言われているウシロダダヌキが自家用のヘリコプターに乗ってやってきて、上から、こう言った。

「みんなあ、ごっくろうち、ごっくろうちさん。アシハラー、のことなんてキニスンナキニスンナ。ほれ、ミミズ二十匹とタイワンバナナ三キロ、ワッチが代わりに置いていってあげるよ。ついでに、ほら、鶏肉十キロどうだい！」

と、空からそれらを落とすと去っていった。

さらに古ダヌキが言う。

「そうだ、昔はこういう時は、家族の多いものが、誰か代わりに一人か二人連れてきていた。余りある者が、代わったり、払ったりしてやればええ、これが、天の公平というもんなんじゃ。

そもそもだ。今日は、他人様の分まで、働かせてもらっておまえ達は、やせることもできたのだから、ありがたいと思わんといかん。この馬鹿タレタヌキどもめが。

他人を楽にしてあげさせてもらったと、神様に奉仕することをたくさんさせてもらったと、お天道様に感謝するのが当たり前なのじゃ。損したというより実は得しておるのじゃ。

かくのごとくの「**天の理＝天均**」もわからんようなら、これから先おまいらに天の**ご利益**はないじゃろう。

あの天然のウシロダをみてみろ、あの調子じゃから、ご利益だらけじゃろうが」

古ダヌキは、最後に、こうも言った。

「おまいらの常識とかいうものは、天の法則から見たら、逆さまじゃ」と。

――「引き寄せの法則」からすると、タカアシダヌキのように、損しまい損しまいとしている者は、実は自分は損するのではというマイナスの波動を発しているので、そのマイナスの波動と同じ現実を引き寄せてしまい、天のご利益には与れないようになってしまう。

反対に他人様の分まで、何かさせてもらって有難いなんて、感謝でき満足している人は、ツイテル波動を発しているので、ツイテル現実を引き寄せる。

「好事も無きに如かず」（碧巌録）とは

「好事も無きに如かず」（碧巌録）

意味＝良いことでも、無い方が良い。

〈これは良いこと、これは悪いこと、損なこと、といつも選別して生きていたのでは、人は人生をあやまる。「日々是好日」となんでもえり好みなく受け入れて過ごしてゆく心が、唯一、人を幸せにする道であるという教え〉

〈良いことを求めても、絶えずそんな良いことを追う人生では、永遠に良いことはやってこない〉

〈おおよそこの「浮き世」＝「憂き世」に生きる人間常識にいう良い生活や、地位や財産、おいしい人生、などなど、どうでもよいことばかり。自分以外の外からのものによる幸せ、という良いことに依存するだけの人生はやめた方がよい〉

《アリエナイ話》

【例二】　豆夫の嫁取り

西の山の中に、窮百という齢六十五の独り暮らしの男がいました。男は山の中で獣や虫にあまり食べられないニラを育て（下の辺で切り取ると、何度でも採取できる）、また芋や大根も育てて生活しています。

この山の中の生活に満足していたので、外に出てみたいという気持ちはありませんでした。

東の山の中では、豆夫という齢六十五の男が、これも一人で暮らしていました。苦もなく楽もなく悲喜もない生活です。そんなある時、なぜか彼に街に住む二十八歳の女との縁談がもちあがり、一回相手が豆夫を見にきて、それから結婚ということになったのです。最初、豆夫は相手の女の美しさに我を忘れ、オーケイオーケイだったのですが、やがて次第に憂欝になってきました。それで西の山の窮百に相談に行きました。

窮百が見せられた写真には、水色のスーツをきた美しい女が、自分の家らしい白壁の家の前で、子犬を抱いて写っています。その女は、豆夫にこうも言ったそうです。

「わたしがあなたの家を建てかえてあげます。トイレは水洗に窓はサッシに、台所はオール電化にします」と。だけど豆夫は、その女の声を思い出し、窮百に話すと、ますます元気がなくなってきていたのです。

窮百「あんな豆夫さんよ。世の中、誰にも、そんな悲しくてつらいことが起こるもんなんだよ。今までが良すぎたんだ。だからこれは運命だと思って、ネエチャンと一緒になりな」

豆夫「そうだ窮百さん、あんたがワシのかわりに、このネエチャンと結婚したらいい。あんたまえから、いい女と結婚して海外旅行に行ってみたいと、言ってたじゃあないか」

窮百「いやあれはな、時の流れ話の流れ、冗談。海外旅行、ああいうものはね、なんでも行くまでが楽しいんだよ。あれこれ想像したり、準備したりとね。ついてしまえば、もうあとの祭りじゃあなくて祭りのあと。結婚も多分おそらく、するまでがいいのかも！良いことなんてね、たいていそんなもんだよ、プレゼントもあげたりもらったりするまでが楽しいの、もらった一瞬というか一時までがね。だからワシとしては、結局なんにもない今の生活がきっとベストなんだよ。デハ、サイナラ」
豆夫「ちょちょ、まっちくれよ。でもよ、おまえさんさ、前に一度言ったことがあるよな。『人間は運命から逃げていては、本当に豊かな人生は味わえない』とね」
窮百「そうだよ。そうだった。おまえさんいいことを思い出してくれたね。あんたがこれから味わうストレスの中にこそ、苦労という方がいいかな、その中にこそ、生きる妙味が味わえる世界がある。そこに人間の味というものも生まれてくるもんなんだ。そして人生の花もその中で咲いてくれる。やがては夫婦そろって良き老後をむかえるのだ」
豆夫「結局、外の条件次第の人生なんて、意味ないのだね。なんでも受け入れて自分で良くしていくしかないんだね。よくわかったよ」

【例二】　ヤルオ狸、空を飛ぶ

狸のヤルオは、狸でもウリハムシでも、「ナムカンゼオンボサツ」と心からお祈りして称えれば、「観世音菩薩様」が千変万化（せんぺんばんか）して目の前に現れ、願いをかなえてくれるという話を、今は亡き祖父狸から聞いたのを思い出していた。
それで「ナムカンゼオンボサツ」と一日に千回、毎日くり返し称えていたら、ある朝、まだ寝惚（ねぼ）け眼（まなこ）の目の上を、見たこともない青紫色の羽の蝶が飛んでいた。これはもしや、とヤルオ狸は、顔を地面に圧しつけてその蝶に願い事を言いました。

「観世音菩薩様、観音さまさま、世のすべてのものの声をお聞き届けくださり、また時には苦しむ者の姿を自ら見つけてくださり、お救いくださるというありがたい観音様。どうかこの狸の願いをお聞き届けくださいませ。わたしは一度でいいから空を飛んで、あのわたしを馬鹿にしている人間どもを見返してやりたいのです」

観音様の化身とおぼしき蝶が、上から見下ろしている。

「いかが、馬鹿にされるとな」

「はい、それがでございます。わたしがよく寄る温泉宿に都会からきた若いグループがずっといます。男二人に女三人。彼らはわたしに食べ物をくれるのですが、その時まず、男の方がわたしを見てニヤリとします。ニヤリニヤリとします。それから女達がキャッキャッと大笑いします。わたしのこのひがんだような目とか間ぬけそうな顔つきがマジブサカワイイ、マジキモカワイイとか申して、笑い転げるのであります。投げられたエサを食べるために数歩前に進むと、女達はまるでバイ菌にでも触れられたかのように金切り声をあげ、男の腕にすがりついていくのであります。わたしはあいつらの接着菌ですか、接着ピエロですか、悔しいです。向こうがこいこいと言うから寄っていってやったのに」

「ふむ、で、いかにしたいと申すか」

「はい、わたしには人間に負けない鼻、夜の視力などあります。また何を食べても消化できます。走ればそこらの人間よりも速いです。

ただ見かけのせいで、わたしは嘲笑の対象とされてしまっているのです。差別です。わたしは彼らに優越感を与えるために生まれてきたのではありません。この顔、毛並み、色、短めの尻尾は、神様からいただいたもので、わたしの責任ではありません。理不尽です。

これは人間の女が女というだけで差別される場合や、女の美によって差別を受ける女性の言いようのない怒りと同じでしょう。厚顔無恥なあいつらにひと泡ふかせてやりたいのです。

例えば、わたしに羽がついて空を飛ぶというふうにして。やつらの目の上を突然飛んでやったら、二度とやつらはわたしを馬鹿にしないでしょう。ごちそうも残り物ではなくなるかも知れません。ああ、やつらの鼻をあかすことを想いうかべただけで、天にも昇る気持ちです。他には何も望みません。お願いします、観音様・観世音菩薩さまさま、本当は、仏の位でいらっしゃるのに菩薩として現世に身を置かれて悩める衆生をお救いくださいますという、尊きお方」

とヤルオ狸は、頭を何度も下げてお願いするのでした。

蝶が少しほほえんだように思って顔をあげると蝶の姿は消えていました。しかしそのすぐ後に、ヤルオ狸の背には、オオムラサキのような青紫色の大きな羽が付いていたのです。

夕方、宿を囲む庭の木々の葉影が濃くなってきたころ、羽をたたんだヤルオ狸が、いつものように旅館の庭に行ってみると、庭に例のグループがいました。女達は、笑いながら言います。

「このブサカワイクナイ狸さん、きっと彼女いないのよ。かわいそうに、頭が悪くて、足が短くて、臭いからきっとメス狸が、寄ってこないのよ。ほらあの八万回卑下してきた目を見て見て見てぇ！」と。

その言葉にキッとなったヤルオ狸は、ここぞとばかり狸の体に合わせ大きくした羽を広げて飛びあがったのです。ゆっくりと羽を動かしながら、やつらの頭上を飛んでまわってみせたのです。そしてやつらの呆然とした顔に小便をかけてやりました。それからニヤニヤ笑ってやり、ケタケタ笑ってやりながら、こんないい気分なら、もっと驚かせてやろうと、更に上に飛んでみせたのですが、それがいけなかったのです。じっと後ろから、様子を見ていた大きなフクロウに背中をつかまれ、連れ去られてしまいました。

《アリエッタ話》

【例一】　良くある話

昔々インドのある所に、村の長者がいました。長者には一人息子がいました。息子のヨンヨンは長者の世話で村の役所に就職します。次に長者は、家を建ててやり、嫁をもらってやりました。しかし嫁は、今までのように物ではないので、長者もうまく操作できなくなり、夫婦は別れてしまいました。大きな家を残して、息子は実家に戻ってしまいました。それまでたまたまうまくいっていたように見えた人生も、神様が早めに公平になるようにしてしまったのです。

退職前に、不祥事で辞職してしまうお役人もいるようですが、これは遅めに神様が公平にしてあげたのかも。

「禍は福のよる所、福は禍の伏す所」（『中国の思想・老子』五十八章）〈良いことがある分、不幸の影も比例して濃くなってくる。逆に悪いことが重なっても、一方で良いことは隠れていて、出番を待っている〉

【例二】　良いことは、心の「気」をすり減らすもと

ハタハタさんの家は、村の川べりの小さなトタン屋根の家でしたが、ある時立ち退きで、新築家屋が持てることになり、町の真ん中に大きな二階建ての一軒家を建ててもらいました。資金は税金ですから、普通では考えられない材料を使って家を建てました。

しかし広くて落ち着きません。床のすべすべが落ち着きません。人が見て通るので広い庭を手入れしなくてはなりません。大きな家の掃除が大変です。税金も年に十七万円になり、電気ガス代もかかります。自分で工夫して生活する楽しみも失いました。やがて以前より元気がなくなり何もしなくなり、体も弱っていったのです。

【例三】　そんなバナナ話

今から約六十年前、杉達はテレパシーを使って、みんなで会議をしました。ある杉が言いました。

ある杉「このごろこの国の人間どもは、わたし達天然の杉を好き勝手に切っている。これではわたし達はいつか滅んでしまいます。それで万年杉さんと千年杉さんの霊力で、人間達を洗脳してほしいのです」

万年杉「ほう、いいのではナイスです」

ある杉「三億年もまえからこの大地を生き抜いてきたわたし達の方が、霊力ではまさっています。ほらあの三月に石の間に咲いた小さなスミレでさえ、種についた甘いエライオソームを開発して、アリの巣に種を運ばせ、外側のエライオソームだけ食べてもらって、アリが種を巣の外に出させるよう誘導する霊力を持っています。植物は自分では動けないから、他のものを操作利用する霊力を身につけたのですよ。だから万年杉さん千年杉さんにとって煩悩まみれの人間など洗脳するのは簡単なことでしょう。

つまり人間に、わたし達杉を植えて大切に育てれば、自分達が富み国が富むと思って育ててもらうようにするのです。洗脳ですね」

万年杉「なるほど、です」

やがて六十年後、某国の山は杉だらけになってしまいました。杉達の天下になったのです。言い出しっぺの、あのある杉の林も杉が密生しています。しかしあまりにも杉だけが密生して大きくなったため、斜面がもたなくなり地すべりを起こし、一族郎党滅んでしまったのでした。

――物理法則・膨らんだものは縮まる。縮んだものは膨らむ――

「美・髯・長・大・壮・麗・勇・敢」は「八窮・八難」

一見欠点に思えることも視界を逆転させ、良いことだととらえることで波動が高まり、人生は好転してゆく。


『荘子』雑篇、列禦寇（新釈漢文大系）にはこうある。

「窮に八極有り」と。身が窮するのには、八つのものがあると。だから勝手に「八窮」とした。

それは、美、髯（ひげ）、長、大、壮、麗、勇、敢の八つであり、これが常よりすぐれていれば、身を窮迫させ、やがては寿命を縮めることになる。


つまりこういうことになる。背が低く華やかさもなく、貧乏で勇気もないような人間の方が、良いと。

※　※　※

師匠であるトートたわしのところに、弟子のツユウドンがやってきた。

「師匠さん、このごろわたしは何をやってもうまくゆきません。わたしに美しいと言われるような姿形が備わっていれば、人生は変わったでしょう。ああ、天は何ゆえこうも不公平なのでしょうか」

と嘆くのであった。

「無慈悲に馬鹿だな、おまえは。おまえほどめぐまれておる奴は、おらん。

まず顔がしょぼい（美がない）。

偉そうなヒゲがない、かしこそうでない（髯がない）。

背が低い（長でない）。

地位も富もない（大がない）。

体が弱々しい（壮でない）。

人目を引く華やかさがない（麗でない）。

ヤバイとすぐにダンゴムシのように丸くなって隠れる（勇がない）。

あえて自分の信念をつらぬこうとしない、断固としたところがない（敢でない）。

つまり、おまえには八窮八難なるものが、どこにもない。だから神様に感謝しろ、このバチあたりめが」

「ぴよーん、コ・ネクリマチコ・ネクリマチ。師匠様、またまたわたしをおっからからかいになって」

と腰をくねくねして、ツユウドンは師匠に突っ込んでみせる。

「マジバカだな、おまえは。だからおまえは幸せもんだ、八難がない、と言っているんだ。『小知は大知を笑う』とはおまえのことだ。

あのな、おまえは背が低く足が短いから、腰や膝を痛めにくい。しゃがむ動作が難なくできる。肺は狭くならないし、心臓の負担も少ない。おまえは確か今、百二十歳だろう、その歳まで元気でいられるのは、おまえがそういう天賦の体の持ち主で、省エネで生きてこられたからだ。

女の視線にさらされ、かっこつける必要もなかった。

また男達からは、おまえは敵とみなされず、攻撃もされなかった。貧相な姿形と、その敢えて何かをするというような勇敢さがないおかげでな。
結果ストレスにさらされなかった。
ただ一時期、不幸にも、おまえは有名になり富と華麗さが宿ったときがあった。その富と華麗さのために不幸に見舞われた時期があったけどな」
ツユウドン「ところでところでお師匠様、お師匠様の本当のお歳は、当年とっておいくつであられましますでしょうか」
トートたわし「ワシか、ワシはおまえ、二千と五百歳だ」
ツユウドン「ひぇーーーーーーー。師、師匠、師匠はもしかして、わたしより小さくて、臆病で、みすぼらしかったということになりますが。わたしよりも八難がなかったので」

第九章　幸せを引き寄せるのはどんな人？

幸せになるために何が必要かを示す章

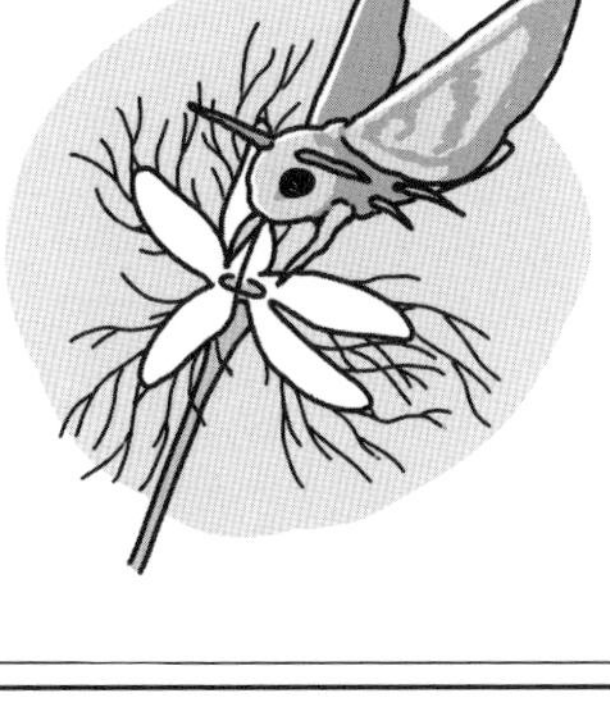

幸せを引き寄せる「引き寄せの法則」

「引き寄せの法則」というのは、かんたんに言うと、《イメージは現実化する》ということです。《良い感情や思考の状態では、その良い波動が出て、宇宙から良い現実がもたらされてくるようになる。また逆は逆の現実が引き寄せられてくる》ということです。

「人間万事塞翁馬（じんかんばんじさいおうがうま）」の原理には、「引き寄せの法則」が作用していたという話

中国の古い書物『淮南子（えなんじ）』には、こうあります。

〈中国の辺境に、ある老人がいました。

老人には馬がいました。しかしある時、その馬が逃げ出しました。村人は老人を、かわいそうにとなぐさめました。しかし老人は、いやもしかするとかえって良いことが起こるかも知れないと言いました。するとその通り、その馬は良い馬を何頭も連れて帰ってきたのです。

村人は喜びました。しかし老人は、こう言います。いやこれはきっと何か悪い前ぶれに違いないと（こんな良いことが自分に起こるはずがないと思ったかも）。すると予想通り、老人の馬が連れてきた馬の一頭に乗った息子が落馬し、足を骨折してしまったのです。

村人は、こんどは老人をなぐさめました。しかし老人は言います。いやこれはきっと良いことの前ぶれのような気がする、と。

すると予想通り、北の異民族に攻め込まれ、村の若者は戦に出て死んでしまったのですが、老人の息子

は、足が悪く戦に出なかったので、生き残ったのです〉

これが「人間万事塞翁馬」という話で、良いことの裏には悪いことが隠れていて、いつやってくるかわからないという話です。また悪いことと思っていても、それが結果的にはよかったりするという話です。

このおじいさんは、悪いことが起こったときには正しい対応をしています。自分には悪いことは起こらない、きっと良いことがやってくると、良い波動を出し、良い現実を引き寄せています。

天は、わたし達が思考したことを、現実化して返してくるのです。これを「引き寄せの法則」と言います。

ただ良いことが起こったときの対応については間違っています。

良いことが起こったら、神様、お天道様に感謝し、自分はツイてるから、これからも、きっと良いことが起こるだろうと思うべきだったのです。良いことがあったのだから素直にそれを受け入れ、幸せの波動を出してさらに良いことを思えば良かったのです。だって神様・仏様はいつもわたしやあなたのために、わたし達が幸せになるようにと、たえまなくたくさんの波動を送ってきてくれているのですから、悪いことを思ってわざわざそれをさえぎるべきではなかったのです。

老人は、心配するという悪い思考をして悪い波動を出したから、それに共鳴してしまった天が、良くない現実を送り返してきたのかも知れません。

このように中国の故事においてさえ、引き寄せの法則を、すでにわたし達に証明してくれていることに驚きます。

幸せがいつも向こうから勝手にやってくるようになる話

スミレの話

山路来て　何やらゆかし　すみれ草　（芭蕉）

スミレは、作為のない、多くの自然な植物の一つです。無心に咲いているのです。その無心に咲く、美しさが、人の心を揺さぶるのでしょう。また無為無心であるからこそ、人を動かして操作したり、アリに種を運ばせたりする超能力を身につけられたのだと思います。

武田先生という大学の物理工学の教授は、大変合理的な精神の持ち主で、科学的な新説を次々と発表される有名な先生です。

スミレは、まだほかの花が咲かない春先に咲く、青に近く深い紫色の小さな花です。花びらは五つあります。そのうち、ひとつだけ大きな舌のような形をした線模様の花弁があります。

まだ桜三分咲きの季節、石垣の草をとっていると、庭の石垣の隙間に小さなスミレの花が、奥ゆかしく可憐に咲いていました。教授は思わず、草を引く手をとめて、そこだけとばして草を引きました。次の日、教授の奥さんが、庭の松の木の下を掃いていると、敷石の隙間から、そこにもスミレが咲いていて、奥さんにほほえみかけてきました。奥さんは、思わず手をとめ、それから竹箒がスミレの花を傷めないように動かしました。

　孫の咲子ちゃんのお兄さんが、なにげなく庭で俯いていると、足下にスミレの花がいて「どうしたの」って声をかけてきました。お兄さんは、さっそく白い紐で、そこだけ囲んでおきました。そのために教授の家の周りには、スミレがポッポと不規則に咲きでて、何かしら人々をおだやかな気持ちにさせているのでした。

　そんな春のある時、教授が、五歳の孫娘、つまり咲子ちゃんに、家族がみんなスミレを大切にしている話をし、

「だからうちの周りには、スミレの花がね、春になるとよく見つかるんだよ」

　したり顔、ドヤ顔のおじいさんに、咲子ちゃんはケラケラ笑って言いました。

「おじいちゃんてば、それはね逆よ。人が、スミレを育ててあげているの？　チャウチャウ。だってね、わたしね、スミレの花に聞いたんだもん。『スミレさん、スミレさん、なぜあなたは、そんなにわたし達人間をとりこにするの』って。そしたらね、『わたしがね、こうしてね咲いてね、朝露に濡れた可憐な花を見せてあげるとね、人間達が何かを感じて、わたしをひっこぬくのをやめてくれるからよ』って、わたしにおちえてくれたんだよ。つまりだね、あやつられているのは、おじいちゃん達の方、人間の方なのよ。おじいちゃんはね、決めていたんじゃあなくてね、決めさせせられていたの」

　教授は、メガネの奥の細い目を丸くしていた。

「いや、咲子ちゃん、いやはや、ハハハハハハハハ」

「あら、うたがってるの」

「いや！　そんなことは…」

「だったら、あの紫色はなぜなの、花の下の方に長い穴があるのはなぜ、ヒゲナガハナバチとかの、きまった虫を呼ぶためよ。そして一枚の花びらだけ、あんな舌のような形になっていて、線が引いてあって、ここにおとまりなさいって、案内までしてるのよ。

それからね。アリさんには、エライオソームというごちそうを種のまわりにつけてあげて、アリさんを引き寄せ、アリさんが種を遠くに運んでくれるようにしてるのよ。これはなんなの、つまり、スミレさんが、虫さんをあやつっているんでしょう。

まして虫よりおろかで傲慢な人間が、あやつられていないってどこのだれが証明できるのでしょうかねえ、おじいちゃま」

「う、うんそうかも。まいったな。そういったことはこう考えられるね。スミレのただひたすら生きようと、〈置かれた場所で精一杯生きようとする〉無為無心な波動が天に届いて、**天の波動とスミレの波動が共鳴**し、スミレさんの深い深い願いが自然にかなえられてきたんだね」

「あっ、わたしだってそうかも。だってクリスマスのとき、寝てて朝起きたら、遠くに引っ越して行っていた友達の由香ちゃんが、ワンちゃんを連れて突然遊びに来てくれたことがあったわ」

「そうかい。きっと咲子ちゃんの波動も、スミレのように素直な良い波動だったんだね。だって『わたしには悪いことは起こらないような気がする、いつもありがとうさまです』って無心に良いことばかり思っていたからね。おじいちゃんのようになんでも区別し損得や善悪を判断して、行動してしまうような大人になると、きっと天との波動共鳴のチャンネルは失われてしまうのかも」

※参考／『サラとソロモン』エスター＆ジェリー・ヒックス著・加藤三代子訳（ナチュラルスピリット）

※スミレについては、稲垣栄洋著『身近な雑草のゆかいな生き方』参考

幸運体質になる笑い

「やあ」とか「今日はいい天気ですねえ」と言うだけで、相手の信頼を得る人がいる。反対に、いくら声をかけても会話しても、何かをあげても、信頼を得られない人がいる。この違いは何なのか。この違いに気づくと気づかないでは、人生は大きく違ってきてしまう。この違いはいったい何なのか。

一言でいえば、前者は無心な声かけ。後者は自力の声かけ（＝相手を操作しようとしている）。前者は無心のはたらきかけ、後者は自分にとらわれたままのはたらきかけ。前者は無為、後者は有為。ただ前者のような挨拶・声かけは、難しい。真人にして可なり。

この声かけと同じように、笑いにも違いがある。この差に気づくと気づかないでは、人生は大きく違ってきてしまう。

不幸を招く笑い

・この野郎と思っているのに、笑いかけている笑い。目が拒否反応しているのに笑いかけている。
・上から目線で、笑いかけている笑い。馬鹿にした笑い。
・適当にあしらっている笑い。
・嫌われないようにと警戒しながら笑っている。つまり相手に良く思われるために笑っている。八方美人的、自己中心的笑い。

幸運を招く笑い。良いことが起きる笑い

㊀相手に感謝の気持ちで笑いかけるようにしている笑い。感謝することはさがせば実は一杯あるから、そうできる。
㊁相手が元気がでたり良い気分でいられるようにと笑っている。「布施の心」から生まれた笑い。
㊂赤ん坊の笑い。または幼い少女の笑い。この無心な笑い。自分を良く見せようとも相手に良く思われようとも思わない、天心無心な笑い。人を癒し、人を元気にさせる笑い。
㊃反対に、いろいろ人生の辛酸をなめてきた、煩悩深き人生を歩いてきた、しかし今はその泥の海から心なしか華のようなものが咲いてきている。損得無し是非無しの幼子（おさなご）のごとき無心な笑いが、また今できるようになってきている。一度泥に汚れた世界に沈んだ身が、その泥ゆえに得た解放された世界。そこに咲く笑いの華の方が、皺が増え歯は欠け、乾いて割れた唇で笑うのかも知れないが、今までのどの笑いより尊い。この人もまた、会った人を癒し元気にする。しかも遠い昔幼かったときとは違うワンランク上の天心の笑いによって、人を癒し人を元気にする。

かくのごとき笑いができる人達は、他者との良い関係ができる人達。幸運を招く笑顔を身につけた人達。

挨拶一つ、笑顔一つと、あなどってはいけません。

この一瞬が人生のすべてなのです。この一瞬をおろそかにする人は、人生のすべてをおろそかにしてしまいます。

逆に言えば、**後悔多き人生も、挨拶や一瞬の笑顔によって取り戻せる。**

だから仏教では、一期一会一即一切と言います。

前後際（裁）断（過ぎたことや先のことなど忘れて、こんにち、目の前にある一瞬に全身全霊をかける＝沢庵禅師）と言って、どんなささいなことにも手抜きしないで全身で応じるという姿勢です。

挨拶一つ、全身全霊をかけるとは、無心であるということです。挨拶一つちゃんとできるか、自問すれば簡単なことではありません。

隠徳を積むべし

> **「常に心懸けて隠徳を積むべし。隠徳とは善事をなして、其の善を人の知らんことを求めざるをいふ。**貧窮を救ひ飢寒を憐み、老人を助け病人をいたはり、生あるものを殺さず、萬慈悲を心の根とすれば、自然に天道の冥加にかなひて家、長久なるべし」
>
> （「経世と人間学」（安岡正篤講話）

> **「暗中に欺隠せざれば、明処に受用あり」**
>
> 人目につかないところでも、自分の良心を欺いてはならない。その人柄は人前に出たときに必ず現れる。だからその効用は、はかり知れない。
>
> （参考／『菜根譚』前集八十五・『新釈菜根譚』（守屋洋著）

心理学に「自己不一致」という言葉がある。こういう人は、自分を欺いて生きている人である。意識の底にある本当の自分に嘘をついている。そういう人は見る人が見れば、どこか落ち着きのない様子で、しっくりしない。

「**慎独**」（**一人を慎む＝君子は必ずその独りを慎むなり**／『**大学**』）も、「常に心懸けて隠徳を積むべし」「暗中に欺隠せざれば、明処に受用あり」と伝えたいことは同じ。

あなたが、夜中に家路を急いでいる。口の中にはガムが。くちゅくちゅ口疲れた、ああメンドクサイ、と道の生垣の中にプッと吐き出すか、ティッシュに包んで家に持って帰りゴミ箱に捨てるか。天道の冥如

（天の加護・恩恵）にかなうのは、後者の方なのだ。

ムリムリ感ナシナシ、かつチョウお得なクイズを一つ。

ヤルオの住む郊外の住宅地でのこと。その地区では、燃えるゴミは、市のゴミ袋に入れて出すだけでなく、各家庭名前記入のポリのゴミ容器に入れて、前夜に指定の場所に出すことになっていた。だから業者が中のゴミ袋だけ抜き取って、四十五リットルの水色の容器はそのままにしておくので、空になった容器を取りに来るのを忘れる人がいるのである。その朝は、勝谷さんちが忘れていたので、ヤルオは、勝谷さんちへ容器を持っていった。

さてどんな持っていき方が、達人と言えるのでしょうか？

①声をあげて、勝谷さんを呼び出し、ヤルオがこうして持ってきたことを知らせておく。

②ゴミ容器をそのまま玄関脇に置いておき、あとでヤルオが持っていってあげたことが、それとなくわかるようにする。ことは簡単だ。勝谷さんとよく話している隣のおばさんに、それとなく今日こんなことがあったと、言っておけばよいだけ。

③玄関脇の目につく所に、何も言わず置いておく。それで終わり。自分が持っていって置いておいたことも忘れてしまう。

達人は、③ですね。

理由は、「**栄名を立つるは、隠徳を種うるに如かず**」（『菜根譚』前集百十）とあるように、〈栄誉や名誉の人として世に知られるよりは、隠徳を積む方が本性を壊さず、本当の自分の人生を歩むためには良い〉からです。知られないということは見返りを求めていないということです。「**虚心**」でいるということです。人は心に何か持って何かをしてはいけないのです。何か持って何かしていると、実際、結果が良くないのです。波動が悪くなり、良いことが起こらなくなるのです。

実際、人を見ていると、ついてばかりいる人と、悪いことばかり身に起こっている人がいます。ついてない人は、ただひとえに波動が悪いからです。

「隠徳」を積むことは、結果を思わず自利を思わず虚心に何かしていることで、波動の質が良くなり、良いことがやってきます。これこそまさに、お地蔵さんにかさをかけてあげた『かさこじぞう』の現実の世界です。実際の法則です。

あなたの部屋の中、雑物がなければ、光が集う

【無心に虚心に、自分を捨てて、人に話す】―心に雑物なし

顔回は、乱暴者と言われている衛の王様を教育しようと、師の孔子に問うた。

「**回曰く、敢えて心斎を問ふ**」＝弟子の顔回が、師である孔子に尋ねた。「心斎」とは、どうすることですか？ 心を清浄にしておくとは、どういうことですか？

※心斎＝心を虚しくしておくこと。心を白紙の状態にしておく。清浄。

「**仲尼曰く、若志を一にせよ**」＝（仲尼＝孔子）孔子が言う。雑念を去りなさい。

「**之を聴くに耳を以てすること無く**」＝耳でものごとを聞かず。

「**之を聴くに心を以てせよ**」＝心で、聞きなさい。

「**之を聴くに心を以てすること無く、之を聴くに気を以てせよ**」＝さらに、心で聞かず、「気」で聞きなさい。

「**聴くは、耳に止まり、心は符に止まる**」＝耳は、物の音を物理的に聞くだけだし、心は外の現象を自分勝手に受け取るだけである。

※「符」とは、合わせること。外の物を自分の心に照らし合わせる。

「**気とは、虚しくして物を待つ者なり**」＝「気」とは、心を空にして、物に応対するものである。偏見なく、色眼鏡なく、妄想なく、空しい心で。

「唯道は虚に集まる」＝「道」すなわち「天のはたらき」は、この虚（空）に集まってくる。
「虚とは心斎なり」＝心に雑念がないことを「虚」といい「心斎」という。
（参考／『新釈漢文大系・荘子』内篇、人間世）

衛の国王のような癇癪持ちと対して、信頼を得るには、まず自分の心を「虚」にしておくこと。偏見や先入観をもって接してはならない。心に計らいごとを持って接してはうまくいかない、と〈心斎〉の大切さについて、弟子の顔回に孔子が教えている。

相手と対面した時。

相手の話を聞く時、**目があれば**、相手が嫌な顔をした時、これは相手はわたしを嫌っていると思う。しかし本当は、腹痛で一瞬そういう顔をしたのかも知れない。

心で聞けば、偏見があると、「あそこの防犯灯は、村の人がいらないと言っていたよ」と教えられても、「こいつは、ワシに暗に、余計なことをするな。みんなの意見をちゃんと聞いて物事をしなさいと言って、非難している」と受け取ったりする場合がある。

だから目で見ても人の話を聞いても、心は識別し是非判別することなく、つまり雑念なく「空」にしておくことが大切なのである。

そんな時、自然と事態は良い方向に展開していっていることになる。無心で接しているということは、快であり、良い波動が出ているのだから、当然良い現実が波動としてかえってくる。

孔子はこの時、弟子の顔回に、その摂理（万象を支配する法則）を伝えたかったのだ。

> **「彼の闋しき者を瞻れば、虚室に白を生ず。吉祥は止に止まる」**（『新釈漢文大系・荘子』内篇、人間世）
> 何もなくなった所を見ると、そこには明るい光が差し込んでいる。幸いなるものは、このように「虚室」「無心のところ」に向かって、向こうの方からやってくる。
> ※吉祥＝幸福。止＝虚室・静虚。止まる＝集まる

また児童・生徒の方も、心の状態は「無」である方が良い。

赤丸先生が、二年生の教室で、ジャイアントやマメジ、それに老子の子孫だと名のるローソン（老孫）達に、算数の授業をしていました。

ジャイアントは、授業中貧乏ゆすりをし、机に鉛筆で落書きをし、そしてそれを消しゴムで消しまくって、消しクズで消しゴム団子をつくり、人に投げたり、匂いを嗅いだり、鼻に押し込んだりするのが大好きな男の子です。

先生がちょっとでも質問すると、威勢よく手をあげます。あてられるととてもうれしそうに正解不正解関係なく答えを言います。

マメジは、メガネをしたまじめな子で、いつもノートと教科書と筆箱を決められた位置に置いています。先生の言われたことは、きちんとやろうとする子です。

ローソンは、教科書とノートを、一応机の上にひろげていますが、教科書を見ることはあまりありませ

んし、ノートもあまりとりません。なんとなくいつも、ボーッとしていて、口をぽかんと開けていたりします。隣の子が、何か変なことをしていても、そのことに気持ちを奪われることはありません。

先生が、黒板に小学校二年生の算数の問題を書きました。

問　鳩野スルオ君達は一列にならんでいます。スルオ君は、前から六番目、後ろから三番目です。列の人数は、何人でしょうか。

①ジャイアント…えっ、一人しか人間が出てこんのに。そうだ、これはなぞなぞだ、だから、答えは、「一人」ダー。

②マメジ…今まで足し算の勉強をしてきたから、きっと足し算で答えを出すのだ。たとえば「おかあさんは、りんごを六ことみかんを三こ買ってきました。合わせて何こでしょう」という問題の時には、六＋三をした。だから、ここでも同じように足し算をするのだ。だから答えは、「六＋三＝九人」ダー。

③ローソン…頭の中に、鳩野スルオ君を自分として中心におき、前から六人目後ろから三人目に、自分をおいてみると、前には五人、後ろには二人しかおらず、それに自分を入れて、五＋二＋一。みんなで「八人」ダー。

または、ボクは前から六人目、後ろから三人目、でも自分をつまり鳩野スルオ君を二回数えているから、六＋三－一で、「八人」ダー。

ねんのために、図に書いてみよう。やっぱりそうなんダー。

①耳で聞くジャイアントタイプは。

右の耳で聞くと左にぬけるタイプ。言葉は、単なる無意味な記号。とりとめのない話をする人達が、このタイプに入る。

②心で聞くマメジタイプは。

言葉の内容そのものよりも、相手の声の調子や雰囲気で、ものごとを判断する。心で聞くということは、先入観や偏見が生まれることを意味する。

③ローソンのタイプは。

彼は、その空虚なる「虚室」で言葉を聞く。雑物がないから、相手の言葉に素直に反応し、事実が正しく伝わる。

（彼が、「虚」でいられるのは、次の理由による）

㈠彼は教室に普通に座っているが、以前のことは忘れ、先のことも思っていない。また周りのことを気にかけない。競争しない。

㈡友達の言動は、いつも風鈴のように受け取って鳴るだけである。何も心にしこりを残さない。

㈢無心であるから、彼の思考は、しなやかで柔らかい。

> **「性燥（しょうそう）に心粗（こころそ）なる者は、一事も成ること無し。心和し気平らかなる者は、百福自（おのずか）ら集まる」**（『菜根譚』前集二百九）
>
> 「性燥に心粗なる」とは、いつも心が、自分より外の事に、心踊らされている状態。そういう人間は、たった一つのこともちゃんとできない。雑念なく無心にして、気の乱れのない者のところには、百福の方からおのずとやってくる。

師匠、このごろ変なんです。わたしの「気」の波動が、「天」と感応道交して願いがかなうんです

そのルート。

わたしがいて、わたしと「天」とが「気」の交流を行う、わたしを育てる。

またわたしがいて、わたしと「天」とが「気」の交流を行い、わたしの願いが天に伝わり、天から「願いの対象」につながる。

またわたしがいて、わたしの「気」と「共鳴（共振）するもの」とが、直接「波動」でつながる。

【例一】八兵衛が師匠に話すに

シ、シヒョウ、このごろ変なんです。
栗を食べたいなあ、となんとなく思ってから、三日目のことであります。

川向こうの山の朝もやを、椅子に腰かけ庭先で眺めていたわたしの足下に、栗を二つ、山鳩が落としていったのであります。

気になって山鳩が飛んできたらしき方向に、一キロほど歩いていくと、こんどは道の真ん中にイガグリが十個ほど落ちていたのです。

手入れしてない山の栗だったので実は小さかったのですが、おいしかったです。

そのとき栗がこんなにおいしいものなら、師匠にもぜひあげたいと思いました。

師匠に、ちゃんと栗をあげるため、今まで以上に「心斎」に努めました。

・まず師匠から教わった、祭祀(さいし)の時によく行う、体の「心斎」をします。

つまり酒やなま物、ニンニクなどを口にしません。焼いた肉も口にしません。食事は、朝と夕だけの粗末な食事です。

・同時に、師匠から教わった、心の「心斎」を行います。

心の「心斎」とは、「心を虚(きょ)」にすることです。

㊀耳や目のはたらきにとらわれて、物を求めることをしません。

㊁物事の是非を思わないようにします。

㊂深くゆったりした呼吸を心がけます。

㊃心を虚にするために世間を遠ざかるというのは、まだ未熟者のすることです。だから、請われれば笑顔で人中に出て、共同で作業もします。ただひたすら誠実かつ無心に作業をし、水に映る流れ雲のように忘れていきます。

こうして心を虚静に保っていると、あるようなないようなしかし絶対的に存在する天の《気》が、「虚なるわたし」に招来するのです。そして「道」なるものとわたしがつながるのです。

やがて願うことはたいていかなうようになるのではと、ときどき思うほどになります。わたしの波動の質が高まったのです。

これならあの傲慢不遜だったらしい中国の「衛」とかいう国の王様も、わたしの言うことに耳を貸すようになるかもと思うほどでした。

かくのごとく、「心斎」につとめてから、一月経ったころです。

時々道端で挨拶する程度だった、川向うのヨミアケ（意味不明）の姉さん（八十一歳）が、「今年は栗が余計とれたから」と、わたしにザルに入れた栗、岸根栗（がんねぐり）を持ってきてくれたのです。有名な大きな栗です。わたしの願いは、またしても天に聞き届けられたのです。

わたしはこう想像します。この時つながった回線は二つ。一つは、わたしと天、天からヨミアケの姉さんに。もう一つは、直接わたしとヨミアケの姉さんとの感応道交。


「シ、シショウ」

といかにも楽しげに八兵衛は、もらった岸根栗すべてを差し出すのでした。

師匠は、泣きながら言いました。

「おまえ、いよいよワシの説く『道』に到達してきたな。今日からおまえは、ワシの一番弟子じゃ」

師匠は栗をもらったことよりも、自分のふところに一つも入れずに、栗を持ってきた弟子の八兵衛に、すでに「道」に到達したものを感じていたのでした。愛弟子の脳や体細胞も変化していると感じ取っていました。
※参考／『荘子』内篇、人間世

【例二】八兵衛またまた師匠に申します

シ、シヒョウ、このごろますます変なんです。

八兵衛「師匠に栗をさしあげてからも、身を清め、生活を正しくし、虚心につとめ、万物の根源の『道』との交流を、正しく呼吸しながら味わう日々を送っておりました。

そして願うともなしに、ここ二十数年、年賀状のやりとりだけだった友人の姿を想いうかべ、いつか会いたいなあと、思ってはため息をついておりました。

でです。ある夜、夢の中に、その友人と会う光景が浮かびました。その友人夫婦は、わたしの村のある山の中とは、遠く離れた××市に住んでいます。

数日後のある日、わたしが街の歯医者に行った帰りに、駅前のバス停のベンチに座って、バスを待っておりますと、駅前の駐車場に停めた白いセダンの車から、老夫婦とその孫らしき男の子が降りて、こっちに向かってきたのです。白髪のまざった男はあきらかにこっちを目を細くして見ていました。妻は一瞬足をとめ、こっちを見て口を開けていました。実は、わたしは、彼の妻にも会いたかったのです。祖母に手を引かれた孫は、何事かと説明を求め、二人は、わたしのことを孫に説明していました。

夢に見たことと、まったく同じ光景が、現実に目の前で起こっていたのです。男の子の孫まで一致していました。そしてその数日後、彼は、わたしの住む村にはるばるやってきてくれました」

話を聞いた師匠は、まじめな顔をして言った。

師匠「その友人も、おまえに向けて波動を送っていたのかも知れんな」

八兵衛「これは一体どういうことなのでしょうか」

師匠「それはおまえ、アッタリマエのことなのだ」

八兵衛「えっ、アッタリマエダ、ではなくて、アッタリマエのことなのですか」

師匠「そうだ、そうだ、そうだ」
八兵衛「しかしまた、どうしてそうなのですか」
師匠「携帯電話だ。あれは線もないのにつながる。『電波の波長』が合うからだ。同じ様なのに『気』の波がある。『波動』だ。**『波動』も『共鳴（共振）』すればつながる。**それは天の『気』を通してつながる場合もあり、直接AとBの『波動』が『共鳴』してつながる場合もある。
ワチキくらいになればおまえ、地球の裏側の砂一粒の動きも感知できる。ワチキが『おはよう』と言えば、奴は身を反転させ笑顔で七色の光をワシに送ってくる。ワシの『気』もおまえの『気』も、あの南大西洋のセントヘレナ島の一つの砂粒に、実は影響を与えることができる。ただそれを信じ感知できるかどうかの違いだ。もしあの砂粒のほほえみを、おまえも信じることができ想えれば、おまえのどこかの箇所が、奴のほほえみに感応しているのだ」

【例三】師匠、もっとわかりやすくお願いします

師匠「もっと身近な例で、説明するか。
カラスウリとは、秋の野に見かける朱色をした卵型の実のことだ。カラスが食べそうだから付けた名まえのようだが、カラスの好物ではないようだ。花は夏の夜に開く。白くてレース状の網模様の花びらをつける。これにエビガラスズメという大きめの蛾がやってきて蜜を吸う。カラスウリにとっては、受粉をしてくれるありがたい蛾だ。カラスウリの方は、このスズメガにだけ、蜜を吸ってもらおうとして、花の筒を長い円筒に変えてきた。一方スズメガも、飛びながら長い口を差し込んで蜜を吸えるように進化していった。この関係を『感応道交』という。『**気**』の『**感応道交**』だ。彼らは、人間のように知の障害がなく無心であるから、このような変化が起こりやすい。人間は、その多くは※坐忘というような工夫をしないと無心になれない。

母親が赤ちゃんに笑いかける。赤ちゃんが母親に笑いかける。どっちも無心なので、どっちが先に笑ったかわからない。このような状態も感応道交という。親鳥が卵の中の雛が成長して、出ようとしているのを感じ、嘴で殻を突く。これも感応道交だ。凡夫がナムカンゼオンボサツとただひたすら念ずれば、観音様と凡夫の波長が合い、感応道交する」

※坐忘とは、「坐ったままでわが身を忘れてしまう。すべての物を忘れ、無心の状態になること」（『新釈漢文大系・荘子』内篇、大宗師）「五体から力を抜き去り、いっさいの感覚をなくし、身も心もうつろになりきって、『道』のはたらきを受け容れること」（『中国の思想・荘子』大宗師）

※参考／『自然科学読み物　生き物のちえ④・ともに進化する動物と植物の話』（学研）

第十章　知識と智慧（ちえ）の違いを知れば見方が変わる

本当の智慧を身につけるための章

知識の偏差値と人格は一致しない

「知識」と「智慧」は違うということを知っているだけで、わたし達の人を見る目は、正確なものになってくる。女性は男性にだまされないようになる。

例えば、美女の偏差値と人格は一致しないし、美男の偏差値と人格は一致しない。同じように、知識の偏差値と人格は一致しない。

スポーツ選手の筋肉と人格は別のもの。同じように知識と人格は一致しない。

知識と人格は違う＝知識の偏差値と人格は一致しない。ということとは、知識と智慧は別物だということ。大学教授より医者より田舎のお婆さんの方が智慧があったりするということ。教授先生より、田舎のお婆さんの方が賢者だったりするということ。

※　※　※

八兵衛が、妙に神妙にして言った。

八兵衛「師匠、わたしにもう少し、**人生の智慧**があったなら、こんなプーおじさんにはなっていなかったかと、わたしはつくづく馬鹿でした」

師匠「バカ。おれだってもう死んでもいいかというころになって、ようやく少しだけ**智慧**なるものに気づいたんだ。おかげで遅ればせながら、人生が透き通ってきた気がする」

「智慧」とは「悟り」であり、「言うに言えない人生の智慧」のこと。

「知識」があって「パソコンの操作がうまい」とか、権謀術数にたけていて「作戦がうまい」とかいうのは、単なる「知恵」のことで、「智慧」とは違う。主婦がいくら片付けにたけていても、「智慧」の人かどうかわからない。経済学者がいくら日本経済の分析にたけていて、すばらしい方策を示せるとしても、彼が「智慧」の人であるかどうかわからない。しかしこの経済人にプラス智慧なるものがあるなら、より深味のある方策を示せる人物となるだろう。

ところで「智慧」は、天から降ってくるような気がする。


「般若波羅蜜多心経」すなわち「般若心経」について。

「**般若**」＝「**空**」＝「**悟り**」＝「**智慧**」

「智慧」が、どのようにして身につくかというと、六つのパラミータ（＝彼岸に渡る修業）六波羅蜜をして、智慧がつく。

六波羅蜜とは、何か。それは、布施（他を楽にしてあげる）、持戒（戒律を守る）、忍辱（腹を立てず、柔らかく生きる）、精進（修行する）、禅定（座禅をする）、智慧、この六つをがんばることを言う。

実際には、最初の五つ、布施、持戒、忍辱、精進、禅定の修行をして最後の「智慧」が身につく。


「智慧」こそ仏徒、罪悪深重煩悩熾盛の凡夫の究極の目標なのである。だから「般若＝智慧」という文字が最初に置かれている。ただいくら修行しても、「智慧」が天から降りてこない人には、降りてこない。

【「智慧」のない人とはどのような人なのか】

まずそれは常に合理的な人である。常に効率や損得で物事を判断し行動しようとする人である。例えばむき出しの個人主義をゆく人である。こういう人は「知恵」ははたらいても、「智慧」はないのである。そんなことをしても時間の無駄、こうやってやれば簡単にできるよ、と能力の高い人は、ユーチューブなどで教えてくれる。畑に甕(かめ)で水を汲んでいた老人は、『荘子』外篇・天地の中で、孔子の弟子の子貢に「※はねつるべ」という便利な機械を教えられて、憤慨していた。便利さが、人間の本性を壊すというのだ。

※はねつるべ…支柱に横木を渡し、後方に重石(おもし)を、前に桶(おけ)のようなものを取り付け、水をくみあげる機械。

「智慧」なしの例

- 自治会長などのめぐってきた役を、言いのがれをしてやらないようにする人。
- スポーツでもなんでも、裏工作をして成果を得ようとする人。
- 自分を社会によく見せて、その結果、いわゆる良い人と言われるようにする人。
- 知識や情報をたくさん身につけて、それを重要なことだと思っている人。
- 自分が、正しいと思っている人。
- 貪(むさぼ)る人。怒る人。愚痴を言う人。仏様は「貪(とん)・瞋(じん)・痴(ち)」と言って貪りや怒りや愚痴を諌めている。
- 妄想(被害妄想)や亡語(あることないことを言う)を発する人。

「智慧」なしの例

〈**外物**(地位・名声・財産・家族・知識など)が、人生すべてだと思っている人〉

「ところで師匠、ある人口十数万の地方都市で、『知識』と『智慧』の違いについて十人に聞いたところ、誰も知りませんでした。話して聞かせても、そんなことを知ってどうなる、って感じでした」

「うーん。残念だが、知っているおまえの方が異常なのだ。オレだって、考えてみると、六十のころに、何かで不意にこの違いを悟ったのだ。それまでに人生に何度も失敗し、本なども読んでいたがな」

「実際、今、八十を超えても、知識と智慧の区別を知らず、智慧のない人物は多いような気がいたします。だが、明治の人、大正の人の中には、智慧の言葉は知らずとも、智慧のある人は身近に、例えば、友人のおじいさんなどですが、いたような気がします。人は、退化したのでしょうか」

「知識だけが増えて、智慧は次第に失せてしまってきている。年寄りが尊敬されなくなったのは、若い人と同じように物と知識の世界しか見えていないからだ。情報や知識だけなら若い人の方が上をゆく」

「元総理と申される方など。広い学識をもたれ、りっぱな家庭もあられ、芸術にも造詣が深く、人にもやさしくあろうとしておられる方が、なぜあんなことをと首を傾げますが、知識も家庭も芸術鑑賞も政治歴も、それらはすべて、彼自身とは別のもの、つまり**外物**なんですね。そう思えば、すべてが納得できます。彼はいろんな化粧をした美人いやイケメンと同じだったんですね」

「智慧」なしの例

〈自分の潜在意識に無頓着な人〉

ある三十代の女性・Fさんは、福祉関係の仕事をしていた。夫との二人暮らし。彼女は、非常に仕事熱心で、自分のプライベートな時間も犠牲にして、家庭を訪問することもたびたびであった。能力も高く趣味も広く、友人も多く社会や政治的なことにも関心があった。経済的にも余裕があった。援助を受ける人からも尊敬されていた。
このようにまったくどこにも欠点さえ見出し得ない人を、「影のない人」と名付けることができます。しかし「影のない人」は、自我（意識している自分）と影（無意識の自分）との大きな乖離（かいり）のために―（自説＝もう一人の自分を抑圧し、見えないように隠してきたために）―自分自身に対して危険になる（自説＝ある時、突然、もう一人の自分に今の立派な自分が乗っ取られてしまう）。Ｆさんは、三年前から、日用品を万引きするようになった。

（参考／『深層心理学』織田尚生著・放送大学教育振興会）

学校の元校長が、万引きをする。官僚が息子を裏口入学させようとする。

なぜ仏様はわたし達に「般若＝智慧」を今も説かれるのか。それはわたし達に幸せになってほしいからです。

「智慧（ちえ）」と「知恵（ちえ）」は似て非なるもの

A男がB男に出会った。

A「おい、さようなら」

B「あったのに、いきなりそれかよ」

A「ところで元気か」

B「おまえに聞かれる筋合いはないよ。でなんだよ」

A「いや、別に、おまえにアンケートだ」

B「ややこしい奴だな、で何か調べてるのか」

A「本当のちえとは、いかに」

B「上目線だな。そりゃあおまえ簡単だよ。一休さんが殿様に、屏風の中の虎を捕えてみよ、と言われて、それではまず屏風の中の虎を出してください、と言ったという、それが知恵だよ」

A「ちがいますます。それは単に知略策略です。ゲーマーが策略をたてたりするのと同じです」

B「では、A国がB国を支配しようとして、B国にスパイを送り込み情報操作をしたり、ありもしない悪口を第三国で浸透させようとしているのは」

A「それも違います。本当の智慧ではありません。俗民は智慧と思っているようですが、単なる情報、技巧、知略、悪知恵で、本当の智慧ではありません」

B「では智慧とはなんだよ。本当の智慧とは？」

本来の「智慧」とは、姿形として見えないもの、あるのだけれどもとらえられないものです。俗世間で一般に言う「知恵」は、知識や作戦、工夫のように形としてとらえられるものです。**どっちもわたし達の生活には、必要です。**

ここで二つの有名な例話を紹介しましょう。

〈一つ目の例話〉

仏教に「不立文字」という言葉があります。文字では真理は伝えられないという意味です。お釈迦様が霊鷲山という山で、大勢の弟子に、優曇華の花を示された。それを見た大勢の弟子達の中で摩訶迦葉だけが一人、にこっと笑ったので、お釈迦様は、ワシの微妙なる法はこの摩訶迦葉に授ける、と言ったという話。

つまり弟子の摩訶迦葉に自分の微妙妙心なる言うに言えない智慧が、以心伝心、伝わったと感得したゆえに、仏様は迦葉尊者に仏法を継がせた。

（参考／『松原泰道全集・禅のこころ』伝える〈教外別伝〉）

簡単に言うと、「智慧」は頭で考えてわかり伝わるものではないということ。

親が人生の達人であっても、その「智慧」は、子に言葉で伝えられない。剣の達人の極意も、言葉では伝えられない。香厳智閑という学識高き坊さんが、ある時、竹に石が当たるその音で、悟りを得た、という。この境地も言葉では伝えられない。

※竹に石が当たった瞬間の心境を、香厳禅師は「一撃所知を忘ず」と語られた。

〈もう一つの例話〉

今から約二千三百年前の『荘子』（外篇、天道）にこうある。
斉（せい）の桓公（かんこう）が堂で書を読んでいた時、輪扁（りんぺん）は堂下で車輪を作っていたが、椎（つち）と鑿（のみ）を置いて堂に上がり、桓公に問うた。
輪扁「お殿様がお読みになっていらっしゃる本には、何が書いてあるのでございましょう」と。
桓公「聖人の教えじゃ」
輪扁「聖人は、今の人でしょうか」
桓公「昔の人じゃ」
輪扁「すると、お殿様がお読みになっているのは、故人の糟粕（そうはく）ですわい」
※「糟粕」とは、酒のかす、良い所を取り去った残り（大辞泉）
これを聞いた、桓公はたいそう怒って、理由を言ってみろ、と言った。

「輪扁曰く、臣や、臣の事を以て之（これ）を観（み）るに、輪（わ）を斲（き）ること徐（じょ）なれば、則（すなわ）ち甘（かん）にして固からず」＝わたしは、わたしの仕事で考えてみますに、輪を作るとき、その削りかたが多いと、さしこみが甘くなってすかすかになりますし、

「疾（しつ）なれば則（すなわ）ち苦にして入（い）らず」＝削りようが少ないと、窮屈ではまりません。

「徐ならず疾ならざるは、之を手に得て心に応じ、口に言ふ能（あた）はず」＝ちょうど良い感覚というのは、口では伝えられないのです。この微妙な感覚は、自分の子にさえ伝えられず、七十になってもわたし

がこの輪を作っている次第です。

「**古の人と其の傳ふ可からざるものとは、死せり**」＝さて、その故人とその尊い智慧（霊感のようなもの）は、伝えられることができず、すでにこの世にありません。その文言だけ残っても、それは故人の糟粕にすぎないのです。

（参考／『新釈漢文大系・荘子』外篇、天道）

日本の職人さんには、この輪扁さんのような人は多い。

市井の人の人生の「智慧」、職人さんの「智慧」、共に日本の国力にかかわる大切なもので廃れてはなりません。

政治家も官僚も、テストの点は高かったでしょう。理屈は、すごいです。でも本当の智慧がないなら、と下々は不安になるのです。話はそれるけど、日本は、下に行けば行くほど人は優秀なのです。上が無茶ぶりしても、教師や介護の現場の人が、調整してくれちゃうのです。

「智慧」を身につける修行について

A「こんにちは、B男さん」
B「さっきからここにいるじゃあないか」
A「もっと智慧について知りたいでしょう」
B「いや、もういいよ、オレには遠い世界だから」
A「百万円貰ってあげて、教えますよ」
B「金かよ、詐欺だな」
A「では、一円あげましょう」
B「一円もらって、教わるのか、ふん」
A「では、フンコロガシをあげましょう」
B「ヒャホー、フンコロガシかいきなり、てか気が変わってきたぞ」
A「では、お鍋の中に」
B「馬鹿、食べるもんじゃあないだろ」
A「ところであなたは、般若心経を知りませんね」
B「決めつけるなよ。知ってるよ、お坊さんが仏前でお経を称えるときのアレだろ」
A「国会議員百人に、般若波羅蜜多心経の意味について聞いたところ、百人中九十九人が知りませんでした。古き良き日本の心は、ここから生まれてきているのにですよ」

B「意味まではな。意味なんか知っても無意味だろ。だって、坊さんは嘘もつくし税金も払わんでいい場合があるらしい。おまけにハサミも包丁も百円ショップの物で我慢しているような貧乏人から、お寺への布施とか言って金をせしめる。自分は赤いスポーツカーに乗って、夜はキャバクラか飲み屋にいる。そんな坊さんの称えるお経など、何のご利益があるんだよ」

A「そうですよ。だいたい仏教など、わたし達にはなんの飯のタネにもなりません。首を切られそうになって、観音様を信じ、その名を称え、「観音力」を心に念じたら、刀が折れて首を切られなかった(念彼観音力刀尋段段壊)、なんて、あんなことを信じて頼るなど、今の進化した合理的な精神の現代人のすることではありません。あれは自立できない弱い人間の信仰するものなのです」

B「おまえそれ、おまえの今まで言ったことと、ちがうだろ。まあいい。そうだろ、そうなんだよ、オレの友達に仏教のブの字でも話したら、とたんに辛気臭いって顔するんだから」

A「でも、あんたは、聞く気になってくれました」

B「フンコロガシのせいだよ。そんなことはどうでもいいから、お経について、早く話せ。それからあんたって、おまえオレのことか」

A「聞いてくださる、ありがとうございます。

般若心経は正確には、仏説摩訶般若波羅蜜多心経と申します。意味は、仏説（仏様が説いた）摩訶（想像を絶する）波羅蜜多（彼岸に渡れる、つまり悟れるための）心経（真髄となるお経）という意味です。この悟りが『般若＝智慧』です」

B「ややこしいな、要するに生きる智慧のようなものが身につくのか、このお経について知れば」

A「上目線ですね。『な』言葉はやめましょう。意味を知れば、智慧が身につくのか？　つきません。ではどうすればいいのでしょう」

B「どうもしないよ、オレは智慧などいらん」

A「あげません。縁なき衆生というべきあなたのような人は、この世にごまんといます。仏様の教えに縁あって触れられるのは、ガンジス川の砂浜の砂の中から砂一粒を見つけるくらいに尊い有難きことなのですから。わたしはその仏様の教えに触れることができ、光る一粒になれたのです。実はもったいないのであなたには、教えたくありません。でも幸いあんたは、このように馬鹿なので仏の縁をスルーする人ですので、ワッチは、安心して説明できますのです」

B「おまえこそ馬鹿だろ、オタク的な宗教馬鹿、嫌味なおっさんだよ、へっ」

A「そこでです」

B「スルーかよ」

A「そこでです。どうすれば智慧が身につくかと申しますと。六波羅蜜（ろくはらみつ）＝波羅蜜多（パラミータ）をします。布施（ふせ）、持戒（じかい）、忍辱（にんにく）、精進（しょうじん）、禅定（ぜんじょう）、智慧（ちえ）の六つを修行するのです。

最後の智慧は、前の五つを修行して身につくもので、これが般若（智慧）なのです。なぜ般若だけ題目の最初に取り上げているのか、これが最終目的だからです」

B「修行する気ないから」

A「やれって言ってませんから。アニキ。今はきくだけ、きくだけ。

まず『**布施**』です。例えば、あなたの今月分の給料袋をわたしに差し出すのです。わたしはもらってあげます。**あなたは、わたしにもらっていただいて感謝しなければなりません**。それが布施の修行です」
B「まてまてまて、オカシすぎるだろ。おまえにやったら、オレは食う物も食わず生活することになる」
A「ええ。だからこそアリガタイのです。人に給料をあげて、生活に苦しむ自分が嬉しい、こんなめったにない不思議な世界を味わえるのですよ。そしてやがては極楽浄土に導かれるのです」
B「おまえが、オレが知る奴の中で一番あやしい」
A「次に『※持戒』。これは生き物をみだりに殺さないということです」
B「ふん、何かは殺してるよ」
A「そうです。だから何かをいただくときには、感謝して拝むのです。次に『忍辱』です。これは我慢ではありません。我慢は恨みですから、いいことはありません。にこやかに何事も受け入れ、愉快に前向きになってがんばっていくのです。だから、誰かにたたかれた時も辱められた時も、感謝し心の底からありがたがるのです。心がねられる場、飛躍の機会を与えられたのですから」
B「おまえオカシイよ」
A「あなたもしもこの世で、あなたをほめる人だけだったら、あなたは今以上に変な人になるでしょう」
B「おまえの方が百倍変だと、みんなが思う」
A「この世の理不尽にも感謝するのです。人は理不尽に遭って、智慧が育つのです。ほめられてばかりで育って、智慧のある人間は育ちません」
B「そりゃあまあ、そうかも」
A「次が『精進』です。これはまあ簡単にいえば、日々仏様の教えをがんばるということです。努力や一生懸命ということがあてはまります。また隠徳を積むことです。つまり人が見ていてもいなくても、自分がするべきことをするということです。公衆便所に入って、便器の縁に小便が散った。そこは拭いてからトイレを出る。これはあたりまえですが、別の時、前の人の小便が散っていたら、拭いておくのです」

B「そんな人はいるのか」

A「日本には、いますね。あんたが知らないだけです」

B「見たことないよ」

A「スルーしまして次に『禅定』です。座禅のことです。荘子は『坐忘』と言います。静かに座って、無我・無心の境地になる修行をします」

B「腰と膝が痛いだけだろう。ところでさっきの国会議員へのアンケートは嘘だろう」

A「嘘です。嘘も方便です」

※持戒とは戒めをかたく守ること。「生き物をみだりに殺さない」（不殺生戒）、「盗みをしてはならない」（不偸盗戒）、「嘘をついてはならない」（不妄語戒）、「酒を飲んではならない」（不飲酒戒）、「淫らなことをしてはならない」（不邪淫戒）が基本的な戒律（五戒）。

現世の地獄と極楽、正しい拝み方

B男「和尚様、天罰を受けるとは、どういうことですか」
和尚「大体、智慧なきものが天罰を受ける」
B男「それはあの何とか天下りのなんとかさんのことですか。立派な家を持ち、妻子に何不足のない生活をさせ、自分も快適な生活をしていて、たぶん満足しているのでしょう。あの方はです、智慧がなくても、智慧あるあなた、つまりこの破れ寺の和尚様より、良い人生を送っているような気がしますですが」
和尚「だからおまえは、ものの真理を見れない、智慧のない奴というのだ。彼らは瀟洒な家、便利な生活、海外旅行に行く生活、社会からもてはやされる自分、楽ちんな仕事、さらに豊かな老後という罰を受けているのだよ。これ地獄なりだな」
B男「げっ、そんな罰なら、わたしも受けたいです」

B男「では逆に極楽に近い人とは」

和尚「ヒーロー映画を無批判に見ている者達も、智慧がない者に入るだろう。あれはたいてい、身内の者が被害にあって、その復讐に人生をかけたりする。または自分が辱められたので、強敵に復讐する物語である。この世には、恨みや復讐心があちこちにある。その復讐心は自分の中に毒をつくり、その毒で自分を害すものである。この毒に気づいて許しの中に生きるのが、極楽だ。

あのようにやがては、復讐を成し遂げ、ヒロインと結ばれてハッピーハッピーなんてのは嘘だ。ワシなら復讐を祝福してくれるお姫さまなどお断りだな。そんな二人は、極楽には行けない」

B男「ねたみですか、ひがみですか。別にあの世での極楽なんていりませんから」

和尚「バカ、極楽とは、現世の極楽も入る。人生の楽園だ」

B男「へえ、またそんな極楽があるのなら、教えてください」

和尚「この破れ寺の開山忌が、毎年三月の末にある。その感謝報恩行事の次の日、後始末に村のＡＫＢセブンと言われている前田聖子ちゃんがやってきた。彼女は誰に何か言われなくても、そうやってお寺の世話をしてくれる。あのお堂の花も聖子ちゃんが生けてくれたのだ。

その聖子ちゃんが、周りを見回してから、小さな声でワシに言った。

『和尚様、わたしはいままで悪いこともせずに暮らしてまいりました。しかしわたしは、普通の女の子で、容姿もそこそこなのに、いままで良い男に出会えず、苦労ばかりでした。お寺にもきて、ご奉仕していますのに、おかげがないのはどうしてでしょう』とな」

B男「男なら、ここにいますです」

和尚「おまえはダメだ。良い男ではない。で、次のように教えておいた。

まず悪いこともせず、というのは嘘だとな。彼女の美貌が、そうでない者の苦しみとなっておる。人はその存在そのものが、他の害になっているという自覚がないといけない。

次に、良い男に出会えないのを、人のせいにしておる。良い男と出会えんのは、すべて自分のせいである。自分の波動が良くないからだ。

次に、お寺にきて、拝んだり、奉仕したりするのを、取引のように考えてしておる。仏様と取引しても、そういうときは願い事は、かなわんようになっておる。

で、仏様を拝むときの、やり方を教えた。

まず、最初に手を合わせ、いろんなことに感謝すること。

次に理想の自分をイメージしなさい。理想の姿をイメージし、『わたしは、※お陰様で幸せになれます』『わたしは、お陰様で良い人と出会えそうです』なんてね、つぶやく。

拝むときの心は、ただひたすら信頼し信じて拝むこと。疑う心があったら拝まん方が良いくらいだ」

B男「簡単そうですね」

和尚「おまえには、むつかしい。信じるということが難しい。聖子ちゃんは、素直な性格なので、ワシの言う通りにした。

彼女は、一日一回は、良かったことを見つけて、仏様に（天の神様にでも良い）報告し、『ありがとうございます』と言った。すると良いことは、周りに一杯見つかるようになった。朝、森の冷気が自分をやさしく包んでくれ、肌がつやつやになったとか。そんな時、脳は騙され、実際に細胞に影響を与える。そのあと、『なんか今年中に、結婚してしまいそうです』とつぶやいて拝んだりした。

するとそのうち次第に彼女の表情は、以前にもまして明るくにこやかになり、肌もますます白い真珠のようにつややかになってきた。もはや彼女は結婚せずとも満たされており、彼女には足りないものが何かわからなくなっていた。彼女の波動は高まり、天と深く共鳴するようになっていたのだ。

一年後、聖子ちゃんは、男をワシのところに連れてきた。その男は、背が低い上に、髭だらけで、小さな小屋のような家に住む貧乏人だったが、聖子ちゃんは、喜々としてその良き男と手をつないでやってきたのだ」

B男「なんだ、誰も相手にしない男をつかまえただけでしょう」

和尚「馬鹿もん。だからおまえには無理だと言ったのだ。彼女は、医者の申し出を断り、教師をふり、俳優兼歌手の申し出を断って、波動が共鳴したあの男を選んだのだ」

※お陰様…神仏などの目に見えないはたらき。加護、助けを受けること。

第十一章　常識を逆転させる老子・荘子

「老子・荘子」の考えのまとめ的な章

一見無用なものこそ、必要なもの

「無用の用」

荘子は、友人である恵子に、「おまえの言うことは、霞のようで役にたたん話ばかりだ」と言われた。ですぐに次のように言い返した。

「夫れ地は廣く且つ大ならざるに非ざるなり」＝この地は、とてつもなく広い。

「人の用ふる所は足を容るるのみ」＝しかし人が歩く時必要なのは、足を置くところだけだ。

「然らば則ち足を側りて之を墊り、黄泉に到さば、人尚ほ用ふる有りや、と」＝しかしだからと言って、足を踏むところだけを残して、周りをあの世まで掘り下げたら、人は歩くことができるだろうか？

つまり一見役に立っていないような周りの地面こそ必要不可欠なもの、なのに恵子には、それがわかっていないと言ったのだ。

仏教や荘子の話など、『10分でお金儲けができるようになる秘密の話』とか『三分簡単クッキング』というような本と比べたら、雲をつかむような話で無用なものに思う。しかしこの一見無用に思えるものこそ、人生には必要不可欠なものなのだ。

（参考／『新釈漢文大系・荘子』雑篇、外物）

仏様の教えも、今の人は八十代の人まで、仏教で飯が食えるかと言って、仏様の教えを無用のものとする。しかし仏様の教えが廃れた世は、まさに末法の世となってしまう。

一、トートたわしと経団連会長

トートたわしが、山の斜面の杉林の杉の枝を、鋸で切っていると、経団連会長のミタラ成夫が、林道にとめた車から降りて、上を見上げて言った。

「あんたがたどこさ、そこかいな。ブッ、いったい、あなたのような人物が、ここでこのようなことをしておられると、この国の民はみんな、やがて松ぼっくりかイモの茎を食べていかなければならなくなりますよ」

トートたわしは、はしごを登って、鋸で一本の杉の木の枝を二つほど切り、下りると、またはしごをかけて反対側の枝を切った。枝切りが済むと、地面の枝を片付ける。それだけで一時間かかっていたのを見ていてそう言ったのだ。

トートたわしは、汗を拭きながら、下の林道まで下りる。そしてミタラ成夫のそばに立つと、裾広がりな広い三角形の山の斜面を見上げながら言った。

「この山の斜面は、真ん中と下の方が、すべてワシの弟子の八兵衛の山だ。誰も欲しがらんこの山をよく見てみると、真ん中辺が、雑木だらけだろう。樫などの雑木だ。八兵衛の親が真ん中辺だけ面倒臭くなって放置したのだ。しかしそのさらに上の方の山には、てっぺんまで、また杉が一面枝をつきあわせて育っている。何が言いたいかおわかりか」

ミタラ成夫は、その大きな首をひねっている。

「真ん中辺の雑木より上の方の一面の杉林は、よそ様の山で、そこの家の者が、昔、額に汗して杉苗を植えて育てたのだ。だが八兵衛の親は、面倒臭くなって真ん中辺の斜面をほったらかしにし、雑木林にした。おかげで、この山は崩れずにまだもっているということだ。何が言いたいかわかりますか」

ミタラ成夫は、口を開けたまま、黙って見上げていた。考えるのが、面倒臭いのだ。

「つまり、この世には、つまらん役に立たんと思うものがないといけないのだ。知能だけの官僚と政治家には、このことがわからんかったのだ。効率だけの机上脳味噌で、日本中を杉と檜だらけにし、この国の山という山を崩落寸前の状態にしてしまった。ついでに花粉症まで育てた。

今のこの効率優先の時代に、『釣りバカ日誌』のハマちゃんのような人を首にするのは、会社の膨大な損失なんだと気づく経営者がいたら、そんな経営者は素晴らしい人物じゃ」

二、「ソンナバナナ塾」では、なぜ生徒の数が減っていったのか

いつのことか忘れたが、ソンナバナナ塾で、こんなことがあった。

塾長は、アメリカ帰りで英語が得意の、メガネをした五十代のずんぐりしたおばさんだった。塾生は彼女のことをエルメス婦人と呼んでいた。

塾には、荘周（そうしゅう）という風采の上がらない初老の国語講師がいた。チビで足が短く、背には瘤（こぶ）があり、前かがみに膝を曲げたまま歩いていた。

狭い教室には、女の子二人を含む十二名の中学二年生が通っていた。

その中の一人に、ちょっとあから顔の中肉中背の男の子がいた。よく笑う子で、教室に入ってくるときから、もう何か楽しくて仕方がないという顔で入ってきていた。つかみどころがなく、天然で、時々、二度教えたことを、また聞いたりしていた。だから、ほかの子によくつっこまれ、笑いのネタにされたりし

ていたが、本人は気にしている様子はなかった。

だが荘周は心配して、女塾長にこう言っておいた。

「あの子がやめたら、ほかの子も歯が抜けるように塾をやめていくでしょう。だからあの子には、特別目をかけてやり、時には、みんなの前でほめたりし、またお菓子をあげたりしてもてなすべきです。親とも、無料で相談するようにし、サービスに努めるべきです」

しかし女塾長は、いつものように彼の話の真理をまったく理解していなかった。

「あの子、ああ○○君ね。あの子は、宿題を忘れ、学習意欲もなく、授業に関係ないことを言ったりして、むしろほかの子の邪魔になっていますよ。あの子は、いてもいなくてもよい子でしょう。ホホホッ」

と笑いとばし、荘周の話をまともに聞きませんでした。

しかしその後、理由は不明でしたが、その一見どうでもよい子がやめてしまうと、ほかの子も次から次へと、塾を去っていったのでした。

三、ドングリの花粉

「あの師匠さま」

「なんだ、突然改まって」

「あのですね、あの○○大臣が、『わたしには、子が三人おりますから、一応社会人の義務は果たしております』と言われたそうです。ではわたしのような妻も子もない人間は、社会に貢献していない無用な者なのでしょうか？」

トートたわしが、後頭部が禿げて腹の出た弟子に向かって次のように答えて言う。

「ウンジャラホイホイ、ホイならだな、ドングリは、どうか。風で雄花から花粉がたくさん運ばれていっても、その他大勢のオス花粉は、無意味に飛んで消えてゆく。そんなオス花粉は、無用か。おまえも無用か、無意味か、そうじゃないだろ。

例えば、十三個しかメシベがないからと十三個だけ花粉を飛ばせばよいのか。そうじゃあないだろ。

その十三個以外のその他大勢があるから、十三個が生きるのだ。残りのその他大勢のようなおまえを、その十三個の花粉や世間が、独りものと軽蔑するなら、それは天に唾するようなものだ。だから胸をはって生きていけ」

弟子が、首をひねっていると、トートたわしはさらに言った。

「ドングリの花粉に見習え、ドングリの花粉は、あいつはうまいことやった、ワッチは負けた、なんて思うか、思わんだろ。是非なしだ。相対的なことだ。真理は、花粉に学ぶべし」

四、ソシオメトリー

「三十の輻は一轂を共にす。其の無に當りて車の用有り」（『新釈漢文大系・老子』無用第十一）

車輪の三十本の輻は、真ん中の〈空洞のある轂〉＝〈空洞のある筒〉に集まっている。そのように輻の集まっている真ん中が、まるい筒状の空間になって軸を通しているから、車輪が回り、車は車のはたらきができる。

このように一見「無用」というか「空」の存在があるから、万物のはたらきもスムースかつ可能になる。


師匠の孫は、小学校の教師だった。

「実はな、ワシの孫で、小学校の教師をしておるのがおる。ちょっとばかり才走っていて、不幸の中心に向かって走っている感じであるが、まあそれもよかろう。で、話というのはな」

「はい、そのお話とは」

「その孫が、学級経営があまりうまくゆかないので、子ども達を対象に、ソシオメトリーとかなんとかいう学級の人間関係の構成図をつくってみたのだ。

『となりの席（せき）になりたいお友達（ともだち）の名まえを二人書いてください』という質問調査をした。してみると、だいたい四つのグループに分かれたんだが、それらのグループの中間地点に、普段は目立たない空気のような存在のA子がいたんだ。つまり大きな三グループと小さなグループの中の一人が、それぞれA子の名まえを書いていて、その子を中心に放射状的に相関図ができたんだそうだ」

で、孫は、その図形をもって先輩教師に相談に行った。すると先輩の教師は言った。

「その空気のような存在のA子を中心にして、学級経営を考えたら。例えば、A子ちゃんに、何何できたわねスゴイとほめて、次はこうしてみようと言ってさせるようにすると、ほかの子達も、のってくるというようなことが起こるかも、というよりたぶんそうなる」と。

師匠は、ふと思いついて、こうも言った。

「そういえば、クラスの中に、特別支援学級（なかよし学級）の子がいると、その子を中心にクラスがまとまったり。また家族なら、無邪気な赤子だったり、猫だったり、ボーッとした婆さんがいるおかげで、家族がうまく回転しているってこと、あるよな」

老子と孔子、仏様はどっちを選ぶ

> 「道の道とすべきは、常の道にあらず」（『中国の思想・老子』一章）
> 「道」はとらえどころのないもの。本当の「道」は、そこが「道」であるようには見えない。

　昔々のこと。ブッダ（仏陀）が、ひらけた見通しの良い街道を歩いていると、背の低い道端の草むらに、二人の男が座っていた。

　一人は、白髪のやせた老人で、一枚の布を体に巻いていて、裾から枯れ木のような足を出していた。老子かも知れない。

　もう一人は、色白のふくよかな手を見せ、白の長い着物の上に鹿皮の羽織を召していた。また冠をし、八の字の髭を生やし、長い口髭を撫でていた。孔子かも知れない。

　ブッダは、二人に同じように声をかけた。

「もしお二人さん、ここに先ほど村の庄屋からいただいた米二升あります。よろしければお二人に、さしあげさせていただきたいのですが」

　ちょっと言葉がていねいになったのは、ブッダにしたら、当然のことであった。ブッダにとって「布施」はさせていただくものだからだ。かわりにブッダには、徳が積まれる。修養になるのである。自分の波動が高まるのである。

色褪(あ)せた茶色の布を体に巻いたやせた老人は、耳が遠いのか、聞こえたのか聞こえなかったのか不分明な様子で、ブッダを見ると、涼しげな眼で笑った。老人の反応はこれだけだった。

もう一人のいかにも大人物とおぼしき風体の長身の男は、

「わたしは、ただではいただきませぬ。受けた恩は返さねばならぬからです」

と一礼し、さらに話を続けた。

「わたしは、あなたのその仁徳に対し、仁、義、礼、智、信の教えを授けましょう。また官位がお望みなら、わが魯国の君主に申し上げ推薦いたしましょう」

すると、となりの老人が、ぼそりと言った。

「わたしは、おいさき短い茫漠(ぼうばく)とした老人です。あなたにそんな貴重なものをいただいても、数時間後には、あなたのことも、米をいただいたことも忘れるでしょう。何もなさらぬがよろしいでしょう」

ブッダは言った。

「わたしの最大の望みは、この持ち物を我が身から切り離すことです。それこそわたしへの最高の返礼なのです。今日のこの余分な持ち物をなくしてしまうことが、わたしの喜びなのです。片方のご壮健なお方の場合には、わたしは、また何かもらわねばならなくなりそうです。して、わたしの身は、いつまでたっても軽くなりません。わたしは、身は俗世におきながらも、あの山の上の薄雲よりも軽く、人目に映らず触れえもしない虚無の世界の住人になるために旅をしているのです。これはみんなご老人にさしあげましょう」

天はへそ曲がりなのか。今あるだけで十分という、無心で無欲な人のところに、お宝をおいてゆきます。

「人皆な実を取るも、己独り虚を取る。藏する无きなり、故に余り有り。巋然として余り有り」

（『講談社学術文庫・荘子下』雑篇、天下）

人はみんなものを貯め込もうとするけど、自分は貯めず減らして空虚を選ぶ。それ故かえってなぜかものがあふれる。

「人生、一分を減省せば、すなわち一分を超脱す。（中略）日に増すを求むる者は、真にこの生を桎梏するかな」

（『菜根譚』後集百三十二、守屋洋著『新釈菜根譚』）

〈交友や物事を減らせばもめごとを免れ、分別を減らせば心配事も減り、心が若返り生き生きとしてくる。反対に、日に日に物事を増やそうとする者は、自分の手足を縛って息苦しくなってくるのと同じことをしている。心に空虚がなくなり、物事がうまく回らなくなる。そして健康寿命を毀損する〉

例えば、土を削れば、くぼみができて、そこに水たまりができ、生き物が棲む。

「日に日に減ずれば、日に益す」（自作）

これは、すべてにあてはまる物理法則である。

学校に汚染されないための老子・荘子十四の教え

ニーナとドバ、二人の養子へ。

ある時突然、縁あって二人の子が、八兵衛さんのとこに養子としてやってきた。

ニーナは、小麦色の肌と茶色の目をした活動的な十一歳の女の子だった。ドバは、肌の色の黒い縮れ毛のちょっと小太りの、八歳の男の子だ。ニーナは小学五年生に、ドバは小学二年生に転入する。

しかし八兵衛さんは、日本の学校に通うことで、二人の無邪気な心が、失われるのを恐れた。汚染されないように、十四のことを、二人に伝えておくことにした。

一、**良い先生、悪い先生という噂を信じるな。**悪い先生も、きっとおまえ達に貴重なことを教えてくれる先生であることが多いからだ。つまりそんな区別は意味のない嘘っぱちだと思え。
つまり波動の関係から、悪い先生だと思えば、悪い先生になっておまえ達の目の前に先生は現れるし、良い面を見て良い先生だと思えば、良い先生と良い現実が待っている。それだけのことだ。

二、**学校のきまりにはだまって従いましょう。**無意味で害のあるものも多いが、それに逆らうことが自由ではない。そのきまりの中で、自分を生かしきり自由に生きることができるのが、本当の自由だから。

三、**現れてしまったものは、しかたないが、自分の成果を表に出そうとしてはいけない。**あえて表に出そうとしてやれば、必ず身を害し、自分の能力も失う。
静かに無心にがんばっていれば、大切なものは向こうから勝手にやってくる。

四、目立たず、ただ羊の群れの羊のようにしていなさい。これも勇気です。リーダーになろうとしてリーダーになってはならない。

五、クラスの中で、無視されたり除けものにされていたりする子がいたら、必ず普通に声をかけてあげなさい。消しゴムをなくしていたら、そっと貸してあげなさい。

六、いじめっこが、消しゴムをくれ、と言ってきたら、必ず断わりなさい。いやな要求は、最初の時に必ず断わるのです。机を蹴飛ばされるくらいは、されるかも知れませんが、消しゴムをあげて一時逃れをしたあとの被害に比べたら、なんていうことはないでしょう。

七、馬鹿なネズミは人が部屋に入ってきた時、不安のために自分から飛び出して人の害にあう。長い学校生活、何かと不安なことは、必ずいくつか身辺に起こってくるでしょう。しかし自分からは何も起こさず、すべては良い方向に向かうと信じて、ひたすら静かに自分のすべきことをしているのです。これは宇宙の原理です。不安から何かしでかすなら、その不安の波動と同じ現実が返ってくる。自分に悪いことは起こらないと信じ、良い気持ちでいるなら、禍（災い）の鬼も消えてゆくしかなくなる。

八、正しいと思うことをいつも言ってはいけない。正しいことは、やがて正しくなくなることが、よくあるからだ。また、クラスの中で、きまりを破る乱暴な子がいる。彼は、悪でも邪魔者でもなく、観音様が姿形を変えて、おまえとおまえの友達に人生に大切な何かを教えてくれているのかも知れないと思いなさい。

物事は視点を反転させて見るようにすることが、とても大切なのだ。それが自分を救う。

九、世の親達は、たいてい自分の子が、何事も積極的であることを望むが、それはいつも正しいことではないと知りなさい。消極なる積極というものもある。消極的でいることで、かえって新しい未知の積極性が生産され、本来の活動が生まれてくる。

ちょっと難しいが、ここに古(いにしえ)の真人(しんにん)の言葉を紹介しておく。何度も読み返してほしい。

> **「反は道の動、弱は道の用なり」**（『新釈漢文大系・老子』去用第四十）
>
> 道というものは、必ず反対の動きを生みだす。だからあえて消極的にしていれば、必ず本物の積極性が芽生えてくる。またあえて弱く柔らかく生きていれば、そこに生まれてくるしなやかな強さがある、そうして育ってきた強さが本物の強さだ。**固くて強い者は、必ず弱くて柔らかいものに負ける。**
>
> **なぜならこれが道のはたらきであり、天の物理法則だからだ。**

十、集団の中で、特定の人と仲良くしてはいけない。必ず障害にぶつかりつまらんことになる。特定の人物を選ぶということは、道に背く生き方である。命の水は、どこにでも流れていく。あの石としか嫌だ、あの岩は嫌いだとは、しない。それゆえ海にたどり着ける。おまえ達も、本来、水なのだ。

十一、学習には、いつも不思議を感じるようにしなさい。

例えば、ジャコウアゲハの幼虫は、ウマノスズクサという毒草の葉を食べる。そうして成虫になっても、体に毒を持ち、身を守る。あの赤と黒の模様には意味がある。アゲハチョウは、ミカン、カラタチ、サンショウの葉を食べる。ヤマトシジミはカタバミを、キタテハはカナムグラを、スジグロシロチョウはイヌガラシを、アカタテハはクサマオを、アオスジアゲハはクスノキの葉を食べる。なぜこんなふうに、食べる葉が違うのか、どうして見分けているのか。《誰が一体そんなふうにしているのか》とね。

十二、さしくるな。つまり、脳味噌を使って、策略を立て、周りを自分の気に入るようにしようとか、欲しいものを手に入れようとか、してはいけない。ただ為すに任せなさい。無為でいなさい。なぜならそんな小手先の策略は、やがて逆のことを招くから。「無為にして為さざる無し」なんてね。

十三、あえてしないでいるということは、「勇気」であると、常によく思い起こしなさい。

ニーナ「でもお義父さん、このまえ寿司屋に一緒に行ったでしょ。その店のお父さんは、自分の子に、勇気を持て、強くなりなさい、と教えているって言ってたわ。人に負けるなってね。そこの子は、きっとケンカも強いのよ」

八兵衛「それも良いだろう。だがしかし、次のような勇気もあることを、ちゃんと知っておくべきなんだ。**「敢に勇なれば則ち殺、不敢に勇なれば則ち活」**（『新釈漢文大系・老子』任為第七十三）。**「あえてするに勇なればすなわち殺、あえてせざるに勇なればすなわち活」**（『中国の思想・老子』七十三章）というての、進んでことを成そうとする者は、他を殺し自分も殺す。じっと消極的な態度を守って争うまいと勇気をふるう者は、人を生かし己を生かすのだ。どっちに本当に負けない真理があるか、考えてみよう」

「去就取與（与）知能、六つの者は道を塞ぐなり」（『新釈漢文大系・荘子』雑篇、庚桑楚）

去就＝地位につく去る、取與＝物を取ったり与えたり、知＝単なる知識、能＝よく使われるサンダル、この六つは「道」を塞いでしまう。

「虚なれば（＝虚しければ）則ち為すこと無くして為さざること無きなり」（『新釈漢文大系・荘子』雑篇、庚桑楚）

このようなこと、栄誉を受ける・人気者になる・成績が一番になる・お気に入りのサンダルになる、など外物に心を動かされなければ、自身の能力が醸成される障害がなくなり、やがて逆に一番になってしまうようなことにもなる。

※「虚しければ」の読みは『荘子下』（池田知久訳／講談社学術文庫）による。「虚しくしおれば」と読むこともできる。

十四、非効率の効率。効率を追えば、非効率になる。

非効率こそ効率の最高の要素。俊敏であろうとするなら、必ずやがて遅れる。

漢字ドリルを速くやる競争は、無意味だ。計算を人より速くしようとするのは、良くない。あそこまでやると言ってやるのは良くない。一つ一つやっていたら、進んでいた、済んでいた、というやり方を心がける。

老子の弟子に、庚桑楚という者がいた。

老子の教えを体得して、畏壘（畏壘→池田知久訳）という山里に住んだ。

その召使の中で、目ざとくて知をはたらかす男には、ひまを出した。また召し使う女の中で、ツンとすまして場を仕切ったりする者も遠ざけた。

顔かたちが劣っていて、素朴で鈍だが、こつこつと骨惜しみしない者を使って暮らした。こうして三年経った時、畏壘の地はとても豊かになった。

最初、村の人はみな、庚桑楚のすることにあきれていた。

ただ一日一日は大したことをしていないと思っていたのに、年でみたら驚くほどの成果をあげていたのだ。

やがて村人は、庚桑楚を聖人としてあがめた。


（参考／『新釈漢文大系・荘子』雑篇、庚桑楚）

※主な参考文献

『新釈漢文大系　老子・荘子上』阿部吉雄・山本敏夫・市川安司・遠藤哲夫著（明治書院）
『新釈漢文大系　荘子下』市川安司・遠藤哲夫著（明治書院）
『中国の思想Ⅵ　老子・列子』奥平卓・大村益夫訳（徳間書店）
『中国の思想第十二巻　荘子』岸陽子訳（徳間書店）
『荘子上』・『荘子下』池田知久訳（講談社学術文庫）二〇一四年発行版
『新釈・菜根譚』守屋洋著（ＰＨＰ研究所）
『寂聴　般若心経　生きるとは』瀬戸内寂聴著（中央公論新社）
『般若心経の謎を解く』三田誠広著（ネスコ）
『松原泰道全集』（祥伝社）
『わが歎異鈔上・中・下巻』暁烏敏著（潮文社）
『般若心経ものがたり』青山俊董著（彌生書房）
『新・美しき人に』青山俊董著（ぱんたか）
『道元禅師・今を生きることば』青山俊董著（大法輪閣）
『運が良くなるには、方法があります』内野久美子著（大和出版）
『宇宙から突然、最高のパートナーが放り込まれる法則』奥平亜美衣著（すばる舎）
『宇宙に上手にお願いする「共鳴の法則」』ピエール・フランク著、中村智子訳（サンマーク出版）

『引き寄せハンドブック」』奥平亜美衣著（日本文芸社）
『「引き寄せ」の教科書』奥平亜美衣著（アルマット）
『雑草の成功戦略』稲垣栄洋著（NTT出版）
『身近な雑草のゆかいな生き方』稲垣栄洋著（草思社）
『自然科学読み物　生き物のちえ④・ともに進化する動物と植物の話』（学研プラス）
『完訳ファーブル昆虫記』奥本大三郎訳（集英社）
『正法眼蔵随聞記』水野弥穂子訳（筑摩書房）
『人形の家』イプセン著・矢崎源九郎訳（新潮社）

※本文中では、『新釈漢文大系　老子・荘子上』『新釈漢文大系　荘子下』は、引用箇所により、『新釈漢文大系・老子』『新釈漢文大系・荘子』と表記しています。『中国の思想Ⅵ　老子・列子』『中国の思想第十二巻　荘子』は、『中国の思想・老子』『中国の思想・荘子』と表記しています。
※引用箇所については、原文の表記を優先していますが、ルビは基本的に現代仮名遣いにしてあります。
※旧漢字は、現代使用されている漢字に変換しているところがあります。

あとがき

たぶんこの本を読んだなら、今まで、クソッ今に見ておれ的、復讐心でがんばってきていた人。そういう人は、努力の方向が間違っていたと気づくでしょう。それって、悪い仲間や悪い事象だけを呼び寄せるのだと気づくでしょう。そして感謝の心で、快の方向に思考を持っていき、ことを始めるように思考を転換し始めるでしょう。

例えば、周囲のことでモヤモヤしていて仕事が前に進まない時、そこに焦点を当てるのではなく、痛めていた腰が奇跡的に回復してきて、動作がスムースにできるようになったことに焦点を当てるようになるでしょう。思考を転換させる。すると快は新たな快をよび、そこから世界の景色が変わってくるのです。

老子・荘子・仏教は、わたしの思考を良い方向に反転させてくれました。読者の皆様も、この社会を生き抜くための逆転する思考のようなものを読後に身につけられたでしょうか。もしも多少とも、そのようなことがあなたの身に現実に起きてきたなら、著者冥利（みょうり）につきるというものです。

また、執筆を通じて欧米・中国と元々の日本人の根本的な違いの一端を、とらえられたと思います。外国人は、『我おもう故に我あり』なのに、昔の古き良き日本人は、『我おもわぬ故に我あり』の生活を、意識しようがしまいがしていたようです。

十五年くらい前から、老子・荘子・仏教などの本を読みながら感銘を受けたところをノートにとりはじめ、ノート二十冊くらいになりました。本書はその中から選んで書きとめたものです。なんとかまとめるのにわたしの能力のなさも加わり、数年かかってしまったような。最初、十六万字くらいだったのを、ロゼッタストーンの弘中さんと、削いで修正し修正し、仕上げるまでにかなりの期間を要しました。(株)ロゼッタストーンは、元は東京の出版社。それが地方に目を向けた出版活動を始められ、たまたまわたしの作品との出合いがあって、出版の運びとなった。

波動でいうなら、わたしのとにかく出版したいという願いの波動と、誰か地方で規格外の本を作ろうとしている人はいないかと探しておられた弘中さんとの波動、チャンネル振動数が合って、引き寄せられ、出会うこととなったのだ。これアタリマエのことです。この出会いから、長期にわたって付き合い完成まで導いてくださった弘中さんに、この場を借りてお礼を申したいと思います。

◆《最後に手前味噌になり、ぶち変な気分ですが、ある本好きな人に原稿を読んでいただいた折りの感想を紹介させていただきます》

—ズバリ!大変おもしろかったです。難しい内容かと思っていましたが、とても引きつけられました。なぜかというといろんな例話があり、また原本を示しながら書いてあるので説得力があります。またユーモアもあるので、押しつけられる感じではなく、納得できます。こんな生き方をしようと思って、人生が楽しくなるのではないでしょうか—

◆著者紹介

葉船草子（はふね そうし）

昭和26年生。学校教師・塾講師・作業員など。現在は、田舎で畑仕事しながら生活。電子書籍として、『コスパすぎ・99円国語口語文法』、漢字問題集・小学三年生『ネコヒゲおじさん漢字ものがたり』など。

ウンコはあなたがするのではない

2021年2月20日　　第1刷発行

著　者　葉船　草子

発行者　弘中　百合子

装　幀　漫画工房　樹本村塾
https://mangakouboukimotosonjuku.jimdofree.com
（イラスト／松田紗季・デザイン／橋本アツシ）

発　行　株式会社ロゼッタストーン
山口県周南市八代828-7（〒745-0501）
電話　0833-57-5254　FAX　0833-57-4791
E-mail　staff@rosetta.jp
URL　http://www.rosetta.jp

印刷所　株式会社日精ピーアール

万一落丁、乱丁があれば、当方送料負担で、お取り替えいたします。
小社までお送りください。

ISBN978-4-947767-21-9　C0095